논리학
콘서트

생각하는 힘을 키워주는 논리이야기

논리학 콘서트

사와다 노부시게 지음 · 고재운 옮김

바다출판사

'논리맹盲' 들을 위한 논리 특효약

안광복 중동고 철학교사

품세는 무술의 기본이다. 품세를 튼실하게 익히지 않고 무술의 대가가 될 수는 없다. 말과 생각도 그렇다. 논리의 기본틀을 소홀히 한 채로 합리적 사고와 설득력을 키우기는 어렵다.

물론 품세를 몰라도 막싸움 경험을 통해 꽤 괜찮은 '파이터' 가 될 수는 있다. 마찬가지로 논리를 익히지 않아도 끝없는 논쟁과 논술 연습으로 대단한 '말빨' 을 갖출 수도 있다. 그러나 기본기가 뒷받침되지 않은 잔재주는 허점이 많아 무너지기 쉽다. 더구나 거리의 싸움꾼은 결코 무술인으로 대접받지 못한다. 제대로 된 무술 수련이 빚어내는 올곧은 정신을 그네들은 결코 갖추지 못하기 때문이다.

논리학은 논리법칙에 따라 가상 효율적이고 오류 없이 올바른 결론에 이르는 방법을 일러주는 '생각의 품세' 다. 나아가 논리학의 지식과 기술을 통해 얻어진 결론은 도덕적이기까지 하다. 궤변가들은 자기에게 유리하게 논의를 왜곡하지만, 논리학자는 누가 보더라도 옳고 정당한 길로 생각을 이끌기 때문이다.

2,500여 년 동안, 논리학은 합리적이고 정의롭게 사고하고 말하려는 사람들이 꼭 익혀야 할 정신 체조mental gymnastic로 인기를 누려 왔다. 우리나라에도 논리학에 대한 책들은 엄청나게 많이 나와 있다. 하지만 안타깝게도 제대로 된 논리학 입문서를 찾기란 쉽지 않다. 전문 학자들을 위한 논리학은 대단히 정교하고 어렵다. 초보자가 접근하기 어려울뿐더러, 설사 익혔다고 해도 실생활에서 큰 도움을 기대하기도 힘들다.

반면, 대중을 위한 논리책들은 어설퍼 보인다. '논술 바람'을 타고 나온 책이 대부분인 탓에, 입시를 위한 필요와 재미있어야 한다는 강박감 사이에서 엉거주춤한 책들이 많다. 사실 흥미로우면서도 논리의 기본기를 충실하게 길러 주는 논리책은 아무나 쓸 수 없다. 논리학을 꿰뚫고 있으면서도 현실과의 연결점을 정확히 짚어낼 수 있는 대가들만이 이런 책을 엮어 낼 수 있다.

《논리학 콘서트》는 진정 대가의 작품이라고 할 만하다. 일본의 논리학자 사와다 노부시게가 쓴 이 책은 1958년에 출간된 이후 지금까지 꾸준

하게 팔리고 있다. 책을 읽으면서 나는 과연 스테디셀러가 될 만한 책이라는 확신이 들었다.

사와다 노부시게는 논리학에서 일반인에게 꼭 필요한 내용만 추려 내어 책에 담을 줄 아는 숙련된 학자다. 초보자의 지적 체력으로도 이 책의 내용을 따라가기란 전혀 부담스럽지 않다. 아주 맛깔스럽게 읽히면서도, 논리의 기본원리는 빠짐없이 머리에 들어와 박힌다. 《논리학 콘서트》를 끝까지 본 독자라면, 명제, 정언판단, 명제추리의 여러 규칙과 삼단논법 등 논리학의 기본을 어느새 체계적으로 이해하고 있는 자신을 발견하게 될 것이다.

더구나 사와다 노부시게는 말을 쉽게 할 줄 아는 철학자다. 논리학은 수학과 같이 기호를 많이 쓰는 학문이다. 숫자와 기호에 공포증이 있는 사람이면 지레 겁먹기 쉽다. 그러나 사와다 노부시게는 추상적인 문자와 공식은 머리를 어지럽게 하기 위해서가 아니라, 오히려 생각을 쉽고 이해를 빠르게 하기 위해서 있다고 충고한다. 다음 구절을 보자.

복잡한 기계를 알기 위해서는 기계를 분해해야 합니다. 그런 다음에 어느 부분이 진공관이고 이느 부분이 트랜스인가 등을 확인하고 진공관이나 트랜스가 어떤 역할을 하는지, 그것으로부터 진공관이 어디로 이어져 어디로 통하는지를 안다면, 여러분은 라디오라는 기계를 전파는 달리 확실히 알 수 있을 것입니다. (본문 92페이지)

논리학에 대한 매우 적절한 비유가 아닐 수 없다. 논리학은 생각을 가장 단순한 형태로 쪼개고, 각각의 작동 원리를 밝힌다. 그리고 이를 다시 조합하여 확실하고도 성능 좋은 생각의 틀을 구성해 낸다. 사와다 노부시게는 대목 대목마다 일상에서 아주 적절한 예를 끌어냄으로써 논리학의 각 부분을 명료하게 이해시키는 수완을 보인다.

예를 들어, 범주에 대한 사와다 노부시게의 설명을 들어보자. 의사가 "고기만 먹지 말고 채소를 많이 드세요."라고 한 충고를 듣고, 채소 가게에 가서 "채소 좀 주세요."라고 말할 수 있을까? 이때에는 "배추 주세요."

"시금치 주세요."라는 식으로 구체적인 품목을 이야기해야 한다. 사와다 노부시게는 이렇듯 간단한 사례를 들어 범주의 위계와 차이를 명료하게 이해시킨다.

나아가 그는 논리를 통해 편견의 치료까지 시도한다. 예컨대, "A씨는 위험한 극우주의자입니다. 극우주의자들은 모두 국기게양에 찬성하는데, A씨도 여기에 찬성하기 때문입니다."라고 주장하는 사람을 어떻게 설득해야 할까? 추리형식을 아는 사람이라면 쉽게 반박할 수 있을 듯하다. "말馬은 사람입니다. 왜냐하면 말은 생물인데, 사람도 생물이기 때문입니다." 사와다 노부시게는 부당한 추리가 어떻게 편견을 조장하는지도 사례를 통해 간단하게 드러낸다.

이렇듯 흥미로운 예들을 좇아가며 설명을 하나하나 짚어가다 보면 독자들은 어느덧 "성기고 좁았던 지식의 그물코가 점차 논리적으로 촘촘해짐"을 느낄 수 있을 것이다. 더불어 자신의 세계관이 보다 건전하고 강인해졌음을 느낄 수 있을 것이다. 《논리학 콘서트》는 논리학의 재미와 유용

함을 흠뻑 만끽하게 하는 책이다.

늘 감정에 휩싸여 일을 망치곤 하는 이들, 뜻한 바 있어도 '제 뜻을 펴지 못하는' 사람들은 꼭 이 책을 읽어 보기 바란다. 책을 따라가며 자연스레 논리 감각을 익힐 수 있을 것이다. 특히 논리 감수성이 부족하여 언어영역이나 논술에서 죽을 쑤는 '논리맹'인 학생들에게는 특효약이 될 것이다.

생각하는 방법을 가르쳐 주는 논리

논리라는 것은 수학과 마찬가지로 일반인, 특히 젊은 여러분에게 재미 없게 느껴질 것입니다. 그뿐만 아니라 사물의 이치를 따져 생각하기에 여러분은 아직 너무 어릴지도 모르겠습니다. 여러분의 젊은 가슴속에는 사물의 이치보다도 기쁨과 슬픔, 온갖 희망과 공상 등이 소용돌이치고 있을 것입니다. 그럴 때에 시시콜콜하게 이치를 따지는 진부한 논리는 별로 가치 없는 일일지도 모릅니다.

하지만 저는 그렇지 않다고 생각합니다. 여러분 마음속에 있는 기쁨, 슬픔, 희망, 공상 등을 올바르게 표현하기 위해서는 언젠가 반드시 진부 한 논리도 필요하다고 느낄 때가 올 것입니다. 만약 그런 때가 오지 않으 면, 여러분의 꿈과 희망이 단지 어린 시절의 꿈으로 허무하게 끝나 버릴 지도 모릅니다.

여러분이 이 책을 완벽하게 이해하지 못하더라도 괜찮습니다. 다만 이 러한 이치의 세계가 아름다운 꿈이나 희망의 세계와는 다른 곳에 있다는 것을 깨닫기만 하면 됩니다. 젊은 시절에 깨달은 것은 평생 잊지 못한다고 합니다. 그리고 만약 훗날 필요하다면, 다시 여러분의 마음속에 되살아나 새로운 힘을 줄 것입니다.

이치를 따지는 논리를 여러분이 이해할 수 있게끔 쓰는 일은 전문적인 책을 쓰는 것보다도 어떤 의미에서는 어려운 일이었습니다. 하지만 저는 단지 재미만 있고 '역시나'라는 느낌의 단편적인 이야기뿐이라면, 새삼스럽게 논리에 대한 책을 쓸 필요는 없다고 생각했습니다.

논리학을 알지 못하더라도 여러분이 올바르게 생각할 수 있도록 이끌어 줄 사람들은 많이 있습니다. 다만 이치를 따지는 논리의 세계를 들여다보고, 이런 세계도 엄연히 있구나 하는 것을 여러분이 알아주었으면 합니다. 동시에 이러한 세계가 의외로 여러분 가슴속 따뜻한 꿈을 키워 나가기 위해서 어떤 경우에는 필요하다는 것을 알아주었으면 합니다.

이것은 아주 어려운 일일지도 모르겠습니다. 우리의 힘으로는 미치지 못할 수도 있습니다. 저는 제 뒤에 훨씬 더 뛰어난 사람이 나타나 이 일을 맡아 주기를 진심으로 바라고 있습니다.

이런 이유로 저는 논리학에서 어느 정도 중요하다고 생각되는 전문 기술도 가능한 한 단순하게, 하지만 순서에 따라 설명하고자 했습니다. 물론 지면이 한정되어 있기 때문에 충분히 다양한 예를 들어 이야기를 풀어내지 못한 부분도 있습니다. 또한 새로운 논리학의 입장에서 사물에 대한 기존의 사고를 다양한 관점으로 재해석하고 싶은 마음도 금할 수 없었습니다. 그러나 이러한 고민은 제가 책을 쓰는 동안 하지 않을 수 없었던 지엽적인 것이었습니다.

이 책은 그 부분 부분을 단편적으로 이용하고자 하는 사람에게는 그다지 도움이 되지 않을지도 모르겠습니다. 그런 점에서 이것은 논리학을 설명한 책도 아닙니다. 세세한 부분까지 이해가 되지 않더라도 괜찮습니다. 전체를 꿰뚫어 읽어 주었으면 합니다. 이해가 되지 않는 부분은 그대로 남겨두고 계속 읽어 나가기 바랍니다. 그리고 전부 다 읽은 후에 다시 한번 이해가 잘 되지 않았던 부분을 생각해 보기 바랍니다.

본문에 사용된 기호가 왠지 낯설어서 재미없게 느껴질지도 모르겠습니다. 그러나 초등학생도 알 수 있을 정도의 단순한 기호이기 때문에 걱정할 필요는 없습니다.

이 책을 읽은 후 논리적 사고에 대한 관심이 좀 더 커진 사람이 있다면, 부디 더 다양한 책을 찾아 읽어 주시기 바랍니다.

차 례

추천의 글 4

저자의 글 10

1 사물의 이치를 따지면 논리가 보인다

의문과 반항의 세대에게 21 | 반대할 수 없는 것이 있다 22

왜 바르게 생각해야 하는가 23 | 복잡한 사물에 대한 사유 체계 24

잘못된 이치 28 | 올바른 이치의 운하를 만드는 일 29

2 말과 사물 사이에는 질서가 있다

생각하는 갈대 33 | '생각한다' 는 말의 두 가지 의미 34

말에 의해 사물을 떠올린다 37 | 사물의 이름 40

사물을 단순화하기 위한 이름 41 | 이름을 붙이는 법과 쓰는 법 43

다양한 이름 사이에 있는 질서 45 | 포함하는 것과 포함되는 것 47

주어와 술어에 대하여 50 | 말에 의해 사물을 생각한다는 것 52

바르게 생각하는 것과 말을 잘하는 것 53 | 말과 기호의 관계 54

말과 인간의 세계 56

3 사물을 올바르게 인식하기 위한 논리

개별적인 문장과 연결된 문장 63 | 일상의 말 속에서 65

실험실에서의 기호 66 | 사물의 기호와 관계의 기호 68

논리를 알기 위해 필요한 용어와 기호 69 | 참과 거짓에 대하여 71

다양한 종류의 논리 73 | 다양한 표현 방법 75 | 분명히 하기 위한 기호 77

좁은 의미의 논리학 78 | 그리고(·) 79 | 또는(∨) 82 | 이면(⊃) 84

아니다(−) 87 | 표의 사용법 88 | 데카르트의 방법 91

지식이나 학문의 목적 93 | 라이프니츠나 러셀의 경우 94

너무나 당연한 일 97 | 추리에 대하여 98

하나의 일에 대한 서로 다른 표현 99 | 드모르간의 법칙 100

실제로 도움이 되는 추상 103

4 논리적 사고와 적절한 언어의 사용

말의 의미와 복잡함 107 | 단순한 지식이란 무엇인가 109

정보로서의 말과 사상 110 | 말을 대신하는 것 112

참과 거짓을 구분하는 단위 113 | 판단의 내부 구조 115

하나의 판단과 또 다른 판단과의 관계 116 | ‘모든’ 과 ‘어떤’ 118

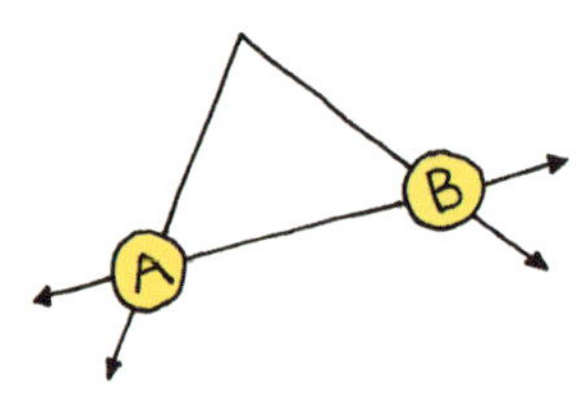

'모든'과 '어떤'에 대한 다양한 사고 119

틀리기 쉬운 '모든'과 '어떤'의 예 121 | 판단의 종류 124

판단의 구별을 원으로 나타내는 법 125

잘못 쓰인 '모든' 128 | 불필요한 '모든' 129 | 모순과 반대 131

삼단논법 134 | 타당한 듯하지만 그릇된 삼단논법 138

잘못된 듯하면서 타당한 삼단논법 140 | 사고의 규칙(추론) 141

두 가지의 증명 방법 145 | 날지 않는 화살, 아킬레스와 거북 145

삼단논법은 진리를 아는 한 가지 방법일 뿐이다 147

5 규칙 속으로 들어간 논리

참이나 거짓을 단정하는 방법 _지금까지 내용의 정리 153

규칙의 고마움 155 | 기계 장치라는 것의 의미 156

룰루스의 기계 159 | 논리와 전기 회로 161 | 뇌신경과 전기 회로 164

논리 기계 166

6 무엇을 절대적 참 또는 거짓이라고 하는가

뼈대만 있는 세상 173 | 실제의 지식 175

유령은 있는가 없는가 175 | 확실성에 대하여 177

확실성의 이유 179 | 확실성을 정하는 복잡한 지식 182

'모든'에 해당하는 법칙 183 | 잘못된 일반화 185 | 연역논리 대 확률논리 188

**7 의미의 모호함을 줄여 가기 위한
논리적 사고 훈련**

말의 의미의 모호함 193 | 모호함은 어디에서 생기는가 196

말의 세계와 사물의 세계 198 | 잘못된 탐구법 200

말의 의미를 분명하게 하는 일 203 | 스테빙의 경고 209

행동의 안내도를 만든다 210 | 말의 네 가지 작용 212

논리적 사고 훈련 213

1

사물의 이치를 따지면 논리가 보인다

의문과 반항의 세대에게

여러분은 수학, 과학, 사회, 그 밖의 일상생활을 통해 지금까지 몰랐던 것을 조금씩 배워 가고 있습니다. 그 과정에서 자기가 하는 말과 생각에 자신감을 갖기도 합니다. 동시에 지금까지 부모님이나 어른들이 흔히 말하고, 자신도 아무렇지 않게 생각하고 있었던 것에 왠지 의문을 품기도 할 것입니다. 여러분은 부모님이나 선생님에게도 자기의 의견을 주장하고 싶어지는 세대입니다.

이러한 의문과 반항, 그리고 지금까지 없었던 무엇인가 새로운 것을 찾고 싶어 하는 마음은 소중합니다. 인류의 문화는 이러한 젊은 사람들의 마음으로부터 계속해서 새로운 것을 낳고 진보해 왔습니다.

그러나 여러분 마음속에 싹트고 있는 이러한 소중한 감정도 그것이 합당한 이치를 따르지 않아 잘못되거나 터무니없는 의심과 반항으로 폭발해 버릴 수 있습니다. 그렇게 되면 일시적인 자기만의 감정은 만족시킬지 모르지만 곧바로 후회하고, 또는 다른 사람들에게 인정받지 못한 채 스스로를 외로운 궁지에 빠트릴 수도 있습니다.

여러분 속에 폭발하고 싶어 꿈틀대는 그 마음을 이롭게 쓰기 위해서는 새로운 마음가짐으로 바르고 이치에 맞는 사고를 해 나가는 것이 필요합니다.

반대할 수 없는 것이 있다

예를 들어, 여러분은 누군가가 2+3=5라는 것에 대해 2+3=6이라고 한다고 해서 반항할 수는 없는 일입니다. 만약 끝까지 2+3=6이라고 주장한다면, 그 사람은 바보 취급만 당할 뿐입니다. 여러분 자신도 200원짜리 물건과 300원짜리 물건을 사고 600원을 지불하는 바보짓은 하고 싶지 않을 것입니다.

아무리 좋은 물이 지하에서 새롭게 솟아 나오더라도 그것이 제대로 된 강바닥이나 운하나 물길을 통해 흐르지 않고 엉망으로 흐른다면, 우리에게 도움이 되기는커녕 홍수가 나서 해를 주기만 할 뿐입니다. 새롭고 좋은 물은 여러분의 새로운 감응 방식이며, 사물을 보는 방식입니다. 그러나 강바닥이나 운하나 물길이 되는 것은 대체로 정해져 있을 뿐만 아니라, 만약 새로운 운하를 만든다고 하더라도 한 사람이 어떻게 할 수는 없는 것이고 많은 사람들과 논의해야 합니다.

여러분의 새로운 감정, 새로운 마음을 올바른 방향으로 흘러가게 하는 강바닥이나 운하나 물길에 해당하는 것이 사유 체계의 절차인 '논리'이며, 이 절차가 어떠한 것인가를 연구하는 학문을 논리학이라고 합니다.

그렇다면 어떠한 절차가 있을까요? 그리고 만약 아직 절차가 없는 부분이 있다면(우리들의 지식 가운데에 아직 많습니다), 어떻게 하면 가장 유익한 절차를 가질 수 있을까요? 다른 말로 하면, 어떻게 하면 모든 사물에 대해 바르게 생각할 수 있을까요?

왜 바르게 생각해야 하는가

새삼스레 "바르게 생각하는 것이 필요하다."라든지 "바르게 생각하도록 노력해라."라는 식으로 말하면 왠지 딱딱하게 들릴 것입니다.

'바르게 생각한다'라는 식의 말을 한 번도 생각한 적이 없더라도, 우리는 저녁식사 후에 가족끼리 나누는 즐거운 대화나 친한 친구들끼리 기분 좋은 이야기를 주고받는 가운데, 충분히 즐기며 무난하게 살아가고 있습니다.

이제 와서 바르게 생각하는 것을 배운다는 게 도대체 무슨 도움이 될까, 또 그럴 필요가 있을까 생각하는 사람도 있을 것입니다.

이렇게 생각하는 사람들은 어떤 면에서는 분명히 옳습니다.

아빠와 엄마를 아직 구별하지 못하는 어린아이나 "1,000원으로 300

원짜리 캐러멜을 샀다면 거스름돈은 700원이야."라고 자신 있게 말하는 초등학교 1학년생 등은 별도로 하고, 초등학교 6학년생, 중학생, 고등학생 정도만 되면, 누구나 어느 정도 바르게 생각합니다.

이 책을 직접 산 여러분 중에 만약 만 원짜리 지폐를 내고 거스름돈을 100원밖에 받지 못하고도 괜찮다고 생각하는 사람은 없습니다. 한 상자의 캐러멜을 두 명이 나누는 것과 다섯 명이 나누는 것을 비교해 보면, 한 사람의 몫이 어느 정도 다른가를 바르게 알 수 있습니다.

또는 여러분이 유령이 이 세상에 있다고 믿는 아이에게 "유령 따위는 그저 있는 것처럼 보일 뿐이고 실제로는 없어. 가까이 가서 유심히 보면 사라져 버리는 데다 손으로 만질 수도 없으니까."라고 말할 때, 확실히 맞는 소리를 하고 있는 것처럼 보입니다.

지금 말한 것을 달리 표현하면, 우리가 숫자를 써서 이것저것을 계산하고 셀 수도 있고, 또한 붉은 것을 '적', 검은 것을 '흑'이라고 하듯이 대부분의 사람들이 쓰는 것처럼 우리가 용어를 틀리지 않게 쓰고 있다면, 이미 그것만으로도 우리는 어느 정도 사물을 바르게 생각하고 있는 것입니다.

복잡한 사물에 대한 사유 체계

그러나 우리가 언제까지고 캐러멜의 몫이나 물건을 사고 난 후의 거스름돈, 유령의 일만을 생각하고 있는 것은 아닙니다. 우리의 일상생활 속에는 훨씬 더 복잡한 일들이 일어나고 있으며, 우리가 좀 더 많은 상황에 흥미를 갖게 되면 될수록 이러한 번잡한 상황에 대해서도 생각하지 않으면 안 됩니다.

예를 들어, 지금 어떤 중학교에서 입학시험을 치른다고 합시다. 수험생은 (1) 국어, 미술, 음악, 사회 (2) 국어, 미술, 과학 (3) 국어, 수학의 3가지 계열 가운데 어느 하나를 선택하여 면접시험을 치릅니다. 말하자면, 수험생이라면 누구든지 '국어와 미술과 음악과 사회 선생님이 계신 방을 지나가면서 각각의 방에서 시험을 치르고 나갈 것인가', '국어와 미술, 과학 선생님이 계신 방을 지나가면서 각각의 방에서 시험을 치르고 나갈 것인가', 또는 '국어와 수학의 방을 지나가면서 시험을 치를 것인가' 중에서 하나를 선택해야 합니다.

이 중학교에서 이러한 시험을 치르기 위해서는 방과 선생님들을 배치하지 않으면 안 됩니다. 일반적으로 다음 페이지의 그림 A와 같이 배치하면 간단합니다. 하지만 그러기 위해서는 3명의 국어 선생님과 2명의 미술 선생님을 포함한 9명의 선생님이 필요합니다. 그런데 마침 선생님들이 바빠서 각 과목에서 1명밖에 면접시험에 나갈 수 없다고 합시다. 결국 6명의 선생님만 있고, 게다가 동일한 방식으로 시험을 치른다고 한다면, 어떤 식으로 방과 선생님을 배치하면 좋을까요?

조금만 생각하면 그림 B와 같이 하면 된다는 것을 알 수 있습니다.

이러한 경우의 사유 체계는 $(2\times3\times4\times5)+(2\times3\times6)+(2\times7)$의 답

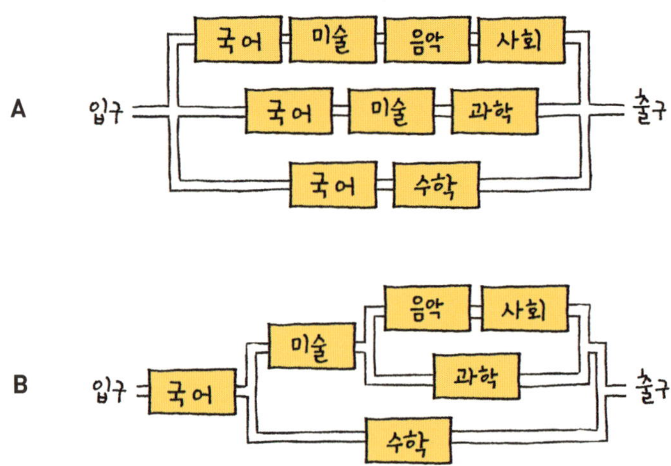

이 2×〔3×{(4×5)+6}+7〕의 답과 같다고 하는 분배법칙에 따른 것입니다.'

■ 2×3×······의 ×표시를 '국어와 미술과 ······'의 '와(과)'로 대신하고, (2×3×4×5)+(2×3×6)+······의 +표시를 '또는'으로 대신해 보면, 입학시험의 예와 이 분배법칙이 같아지는 것을 알 수 있습니다. 숫자는 각각 국어나 미술 등을 나타내고 있다고 생각하면 됩니다. 제1의 식에서 숫자가 9개나 쓰이고, 제2의 식에서는 6개밖에 안 되는 것도 시험의 경우의 예와 같습니다.

지금 든 예는 캐러멜의 분배보다는 약간 복잡한 듯하지만, 분배법칙을 알고 있는 사람이라면 조금만 생각하면 곧 알 수 있는 문제입니다. 분배

법칙을 모르는 사람일지라도 선생님의 수와 시험 과목의 수를 주의 깊게 생각해 보면, 교실 배치를 어떻게 하면 좋을까라는 것은 실은 직관적으로 바르게 알 수 있습니다.

마찬가지로 3×4=4×3이라는 것을 여러분은 분명히 수학에서 배웠습니다. 하지만 이것을 교과서를 통해 배우지 않았다 하더라도, 아래와 같은 그림에서 그 점의 합은 3개의 점이 세로로 4개 늘어서 있든 4개의 점이 가로로 3개 늘어서 있든 같다고 하는, 누구나 알 수 있는 사실을 단지 공식과 같이 나타냈을 뿐입니다.

지금까지 든 예는 이미 올바른 사유 체계가 정립된 것들로 논리학자나 수학자가 쓴 예전의 책을 통해 접할 수 있습니다. 따라서 여러분은 그것들을 공부하여 어떠한 경우에 어떠한 사유 체계의 법칙이 적합한가를 알면 됩니다. 또한 비교적 단순한 상황의 경우에는 책 속에서 배운 올바른 사유 체계의 법칙을 모르더라도 혼자서 바르게 생각할 수 있습니다.

바꾸어 말하면, 지금까지 예로 든 것은 이미 확실하게 체계가 잡힌 운하나 물길이 만들어져 있는 경우입니다. 간단한 운하라면 혼자서 곧바로 알 수가 있고, 조금 복잡할지라도 곰곰이 생각하면 올바른 길이 어떻게 이어져 있는가를 알 수 있습니다.

잘못된 이치

"부모는 아이를 엄하게 가르치는 것이 좋다."라고 생각하는 사람도 있고, 반대로 "아이는 될 수 있는 한 느긋하게, 자유롭게 키우는 쪽이 좋다."라는 사람도 있습니다. "인간은 나면서부터 자유다."라는 사람도 있고, "사람에게는 자유란 없다. 속박만 있을 뿐이다."라는 사람도 있습니다.

이러한 경우에 이것만으로 어느 쪽이 옳고 어느 쪽이 틀렸다고 곧바로 단정 지을 수 없습니다. 지금까지의 예와 같이 의심의 여지가 없는, 누구나 인정하는 답이 나와 있지 않기 때문입니다.

이렇게 되면 누구든 자기가 좋아하는 말을 제멋대로 내뱉습니다. 제멋대로, 그야말로 엉터리로 운하를 파기 시작합니다.

"어른들이란 모두 거짓말쟁이야. 그러니까 우리도 어른들이 하는 말을 들을 필요가 없지."라고 반항적인 십대들은 말합니다. "인생은 허무해. 빨리 죽는 게 나아."라고 혼자 투덜대는 아이, "공부 따위는 실생활에 아무런 도움도 되지 않아. 공부를 죽자 사자 하는 건 바보짓이야."라고 말하는 약간 조숙한 생각을 가진 아이도 있을 것입니다.

이러한 말은 "뭘! 젠장!"이라든지 "아아, 따분해."라든지 "너희들, 바보 아냐?"라는 식의 말과 거의 같습니다. 감정적일지는 몰라도 그다지 지적이라고는 할 수 없으며, 이치에 합당한 사유 체계도 아닙니다. 그것은 바로 비탈 아래에서 비탈 위로 물을 보내는 운하를 파고 있는 것과 같습니다.

사람은 누구나 감정적인 것과 지적인 것을 구별하지 않은 채 사물을 생각하기 마련입니다. 잘못된 말도 단지 일시적인 감정을 드러낸 외침이라고 생각하면 다행이지만, 어느새 그것을 말한 본인도 무엇인가 올바른 것을 알고 있다고 생각을 하게 됩니다. 그리고 그것들이 올바른 생각이라고 진짜로 여기고 마구 행동하기 시작하다 보면 나중에는 굉장히 불행한 처지에 놓이기도 합니다.

저는 젊은 사람들의 생기 있고 순수한 마음이 도중에 시들거나 꺾이지 않고 훌륭한 열매를 맺었으면 합니다. 저 자신도 젊었을 때에는 여러분과 마찬가지로 얼토당토않은 이치를 진리로 여기고 고통스러워했습니다. 가능하다면 여러분이 쓸데없는 고민이나 방황을 하지 않고, 될 수 있는 한 먼 곳까지 가 줬으면 하는 바람입니다.

올바른 이치의 운하를 만드는 일

그러기 위해서 저는 확실하게 정립되어 있는 사유 체계의 절차, 다른 말로 하면, 완성되어 있는 누구나 알 수 있는 커다란 운하가 어떻게 구성되어 있는가를 우선 여러분에게 일러 드리고자 합니다.

저는 모두가 흔히 생각하는 것의 어디가 타당한 절차에 부합되고, 어디가 절차로부터 벗어나 있는가를 다양한 예를 들어 설명할 생각입니다. 그러는 가운데 틀림없이 여러분은 이 논리라는 운하의 대략적인 모습을 파악하게 될 것입니다.

이어서 완성된, 눈에 보이는 커다란 논리의 운하를 관찰한 다음에는 아직 확실한 운하가 만들어져 있지 않은 경우를 생각해 보고자 합니다. 우리들의 일상적인 사고 체계에는 이러한 경우가 의외로 많습니다.

물론, 아직 확실한 운하가 만들어져 있지 않기 때문에 이러한 점에서 이것이 분명히 올바른 사고 체계라고 여러분에게 보여 줄 수는 없습니다. 그러나 저는 논리의 운하를 새롭게 파기 위한 기술적인 지식을 여러분보다는 더 많이 가지고 있습니다. 물길을 끌어 들일 때 이에 대한 전문 기술자를 부르지 않으면 물이 제대로 흐르지 않듯이, 저도 다양한 형태의 사고 체계 가운데 어디가 확실치 않은지 어디의 물 흐름이 나쁜지를 찾아내는 일에 익숙해져 있습니다.

아무쪼록 일단 제 기술을 믿고 따라와 주시기 바랍니다. 그러는 가운데 여러분 중에서 보다 뛰어난 논리의 운하 기술자가 나와 제가 만든 운하보다도 더 훌륭한 운하를 건설할 수 있게 되기를 바랍니다.

2

말과 사물 사이에는 질서가 있다

생각하는 갈대

인간이 다른 동물과 다른 부분, 달리 말해서 가장 인간적인 점은 무엇일까요?

그리스의 유명한 철학자 아리스토텔레스는 "인간은 생각하는 동물이다."라는 말을 했습니다. 또한 프랑스의 유명한 사상가인 파스칼은 "인간은 생각하는 갈대다."라고 했습니다.

참으로 인간은 강변의 갈대와 같이 약한 존재입니다. 천재지변과 같은 자연의 변화가 인간을 형편없이 만들어 버리는 경우도 있습니다. 그런데 자연은 인간을 죽이더라도 특별히 인간을 죽였다는 것을 알지 못하지만, 죽임을 당하는 인간은 자기가 죽임을 당한다는 것을 알 수가 있습니다.

이와 같이 인간의 몸은 갈대와 같이 약하지만 이런저런 생각을 통해 자기가 약한 존재라는 것, 또한 죽임을 당할 것이라는 것도 알 수가 있습니다. 그리고 일단 이런 사실을 알게 되면, 죽임을 당하지 않게끔 강해질 수 있는 다양한 방법을 생각해 냅니다. 의학의 진보와 교통의 진보, 그 외 모든 과학의 진보는 이렇게 인간이 생각하는 것으로부터 시작되었다고 할 수 있습니다. 자연 속의 다른 어떠한 것도 가지고 있지 않은 이 '생각한다'라는 작용이야말로 인간의 가장 중요한 특징이며, 가장 인간적인 면입니다. 이런 사실은 모든 사람이 인정하고 있고, 아마 여러분도 동의할 것입니다.

그런데 인간의 이러한 가장 중요한 특징인 '생각한다'라는 것은 과연 어떠한 것일까요? '생각한다' '느낀다' '안다'는 말은 우리가 매일 쓰고 있는 단어입니다. 그럼에도 새삼스럽게 "생각한다는 게 도대체 무엇일까." 또는 "안다는 게 도대체 무엇일까."라고 물어 보면, "생각한다는 건 생각하는 거지."라든지 "안다는 건 알고 있다는 거잖아."라는 식으로 답하는 것 외에는 달리 답할 수 없을 정도로 설명하기 어려운 말임을 알 수 있습니다.

'생각한다'는 말의 두 가지 의미

'생각한다'는 것이 무엇을 의미하는지를 좀 더 분명히 하기 위해서 우리가 '생각한다'는 말을 어떻게 쓰고 있는지 살펴봅시다.

학교에서 선생님이 은호에게 물었습니다.

예 1)

선생님 은호는 지금 멍하니 창밖을 바라보고 있던데, 무슨 생각을 하고 있었죠?

은호 창밖으로 보이는 교정의 단풍이 벌써 온통 붉어졌구나라고 생각하고 있었습니다.

이어서 과학 시간에 지호와 선생님 사이에 다음과 같은 문답이 이루어졌습니다.

예 2)

선생님 지호 학생, 쇳덩어리를 물에 넣으면 가라앉는데, 왜 철로 된 배는 물에 떠 있을까요?

지호 잘 모르겠습니다.

선생님 저번 시간에 설명한 아르키메데스의 원리를 기억하고 있습니까?

지호 기억하고 있습니다.

선생님 그럼, 아르키메데스의 원리를 상기해서 배의 모양, 공기와 물과의 관계 등을 다시 한번 생각해 보세요.

선생님 아직 모르겠습니까?

지호 지금 생각하고 있는 중입니다.

'생각한다'는 말이 위의 두 예에서 쓰이고 있습니다. 그런데 잘 살펴

보면, 예 1과 예 2에서 '생각한다' 는 말이 약간 다른 의미로 쓰이고 있음을 알 수 있습니다.

예 1('생각한다' 는 말의 제1 의미)에서 '생각한다' 는 말은 단지 보기도하고 듣기도 하는 대상이나 상황에 대해 단순한 것을 아는(지각의 판단) 것으로, 예를 들면 '단풍이 붉다' 든지 '새가 날고 있다' 등과 같은 것을

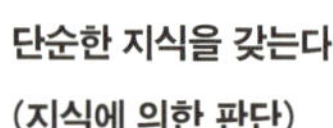

아는 것입니다.

이와는 달리 예 2('생각한다'는 말의 제2 의미)에서는 하나하나의 지식, 예를 들면 아르키메데스의 원리, 공기와 철의 비중에 관한 것, 배의 모양 등과 같은 것 사이에 어떠한 관계가 성립되는가를 찾아내는 것을 의미하고 있습니다.

따라서 지호는 자기가 알고 있는 하나하나의 분절된 지식을 단지 떠올리기만 해서는 답할 수 없습니다. 많은 지식 또는 판단을 비교하면서 그 사이의 관계를 추리하기 위해 머리가 아플 정도로 생각하지 않으면 안 됩니다.

그렇다면 다음으로 이 '생각한다'는 말의 제1 의미를 좀 더 자세히 살펴보기로 합시다.

말에 의해 사물을 떠올린다

다음 페이지의 그림을 봐 주시기 바랍니다. 여러분이 이 장소에 있다면 마음속에 무엇을 떠올리게 될까요? 아마 "멋진 집이 있네."라든지 "잔디밭이 깔끔하구나."라든지 "아, 고양이가 있다." 등과 같이 생각할 것입니다. 그리고 이 경우에 '생각한다'는 것은 앞의 예로 말하면, '보고 들어서 단순한 사실을 안다'는 것입니다.

그러나 이와 같이 단지 단순한 것을 안다고 하더라도 그저 저절로 머

리에 떠오르는 것은 아닙니다. 무엇이, 그리고 어떠한 것이 떠오르는가 하는 것에는 다양한 이유가 있습니다.

위의 그림과 같은 장소에 여러분이 서 있다고 생각해 봅시다. 여러분 앞에는 무수한 사물이 있습니다. 집, 도로, 잔디밭, 가로등, 사람, 고양이, 그 외에 잔디밭을 잘 살펴보면 그 속에 무당벌레가 움직이고 있을지도 모르고, 먼 하늘에는 연기가 보이기도 하고, 날아가고 있는 새가 보일지도 모릅니다. 여러분은 이 무수한 사물을 전부 말로 할 수 없을 것입니다.

고양이라는 말밖에 모르는 두 살짜리 아기는 "고양이가 있다."는 것은 생각할 수 있겠지만 가로등, 잔디밭, 무당벌레라는 말은 모르기 때문에 "잔디밭이 깔끔하구나." "가로등이 있네." "무당벌레가 있다." 등과 같은 생각은 머리에 떠올리지 못합니다.

수많은 말을 알고 있는 여러분일지라도 만약 없어진 고양이를 찾고 있는 와중에 찾은 고양이가 바로 자신의 고양이라는 것을 알았을 때에는 "아! 고양이가 있다."는 것이 우선 제일 먼저 떠오를 것입니다. 그때에는 적어도 가로등이며 잔디밭의 무당벌레와 같은 것을 제일 먼저 생각하지 않습니다.

또한 여러분이 곤충채집에 열중하고 있다면, 여러분 앞에 있는 집, 가로등, 사람, 고양이는 눈에 제대로 들어오지 않고, 잔디밭 위의 무당벌레 한 마리만이 선명히 머릿속에 그려집니다.

위 세 개의 그림 중에서 첫 번째는 "멋진 집이 있네."라고 생각한 사람의 마음속에 떠오른 것을 나타내고 있습니다. 두 번째는 "가로등이 있네."라고 말한 사람의, 세 번째는 "고양이가 있다."라고 말한 사람의 마음속에 떠오른 것을 각각 나타내고 있습니다.

그런데 세 가지 그림에 나타나 있는 것은 38페이지 그림과 같은 장소에 서 있는 사람이 볼 수 있는 무수한 사물 중에서 단 하나만을 중심으로(첫 번째 그림에서는 집을, 두 번째 그림에서는 가로등을, 세 번째 그림에서는 고양이를) 생각한 것입니다. 만약 우리가 그림에서 보이는 것과 같은 경치 속에 있는 사물에 대해 가능한 한 많은 것을 떠올리려고 한다면, '집이 있다. 그리고 가로등이 있다. 그리고 고양이가 있다. 그리고 ……. 그리고 …….' 라는 식으로 하나하나의 문장을 '그리고' 라는 말로 이어나가면 됩니다.

'그리고' 라는 말로 이을 수 있는 문장이 많으면 많을수록 우리는 한층 더 많은 사물을 마음속에 떠올릴 수 있고, 많은 사물의 이름을 알면 알수록 그만큼 많은 사물에 대해 생각할 수 있습니다.

사물의 이름

우리는 어렸을 때부터 수많은 사물의 이름을 배워 왔습니다. 사물의 이름을 알면 그 사물을 다른 사물로부터 확실히 구별하여 인식하는 데에 도움이 됩니다. 따라서 사물의 이름을 많이 알고 있으면 그만큼 우리의 지식은 깊고 세밀해지며, 사물의 이름을 조금밖에 알지 못하면 우리의 지식은 얕고 조잡하게 됩니다.

예를 들어, 은호와 지호가 식물원에 갔다고 합시다. 지호는 벚꽃과 장미의 이름밖에 모르지만, 은호는 벚꽃, 장미, 튤립, 수선화, 매화의 이름을 알고 있습니다. 두 사람은 집으로 돌아와 식구들에게 식물원에서 본 것을 이야기합니다. 그때 지호는 "식물원에는 장미랑 벚꽃이랑 그 외에 여러 가지 식물이 있었어."라고밖에 말할 수 없지만, 은호라면 "식물원에는 벚꽃이랑 장미랑 튤립이랑 수선화랑 매화랑 그리고 그 외에 다양한 식물이 있었어."라고 말할 수 있습니다.

지호는 식물원 전체의 식물을 셋(벚꽃, 장미, 그 외의 식물)으로 나누었지만, 은호는 전부 여섯(벚꽃, 장미, 튤립, 수선화, 매화, 그 외의 식물)으로 나누었기 때문에 은호가 지호보다 식물원을 자세히 보고 왔다고 할 수 있습니다. 그리고 보다 많은 것에 대하여 알 수 있었습니다.

이로써 여러분은 갖가지 사물의 이름을 많이 안다는 것의 중요성을 알 수 있습니다.

사물을 단순화하기 위한 이름

우리가 사물의 이름을 많이 알면 알수록 우리의 지식은 깊고 세밀해진다고 말씀드렸습니다. 그런데 만약 모든 사물에 일일이 다른 이름이 있다면 어떨까요?

산에 가면 온갖 나무가 수없이 자라고 있습니다. 몇천 그루, 몇만 그루, 몇십만 그루가 있을 것입니다. 그런데 이렇게 많은 나무 한 그루 한 그루에 이름이 붙여져 있고, 이를 하나로 묶을 수 있는 공통의 이름이 없다면, 우리는 "이 산에는 나무가 많이 자라고 있네."라고 하지 못하고, "이 산에는 ……와(과) ……와(과) ……와(과) ……와(과) ……와(과) ……와(과) ……가 자라고 있네."라는 식으로, 나무가 10만 그루 있으면 10만 개의 서로 다른 이름을 기억해서 말해야 합니다. 이는 아주 불편할 뿐만 아니라 무엇보다도 10만 그루나 되는 나무의 이름을 일일이 기억하는 것이 불가능합니다.

그런데 다행히도 이러한 불편을 피할 방법을 우리는 알고 있습니다. 나무를 한 그루 한 그루 보면 모두 조금씩 다르지만, 서로 무엇인가 닮은 부분이 있기 때문에 이들 사물을 전부 하나로 묶어 '나무'라는 이름으로 부릅니다.

만약 좀 더 세밀한 구별이 필요할 때에는 나무라고 부르는 것들 중에서 다시금 서로 가장 닮은 것들을 하나로 묶어 '소나무'라든지 '삼나무'라고 부릅니다.

이렇게 함으로써 우리는 참으로 편리하게 닮은 사물을 하나로 묶어 하나의 이름으로 부를 수 있습니다. 만약 특별하게 어떤 한 그루의 소나무에 대해 말할 때에는 '이 소나무'라든지 '어느 정원 귀퉁이에 있는 소나무'라는 식으로 다른 말을 덧붙여서 말하기 때문에 쓰기에 부족함이 없게 됩니다. 지명이나 인명을 제외하면, 거의 모든 사물의 이름은 하나하나의 이름이 아니라 닮은 사물의 모임(범주)에 덧붙여진 이름임을 여러분도 금세 알아챘을 것입니다.

사람이나 지역, 또는 집에서 기르는 개나 고양이에게는 각각의 이름이 있습니다. 왜냐하면 사람이나 지역, 개나 고양이 등은 우리의 일상생활과 깊은 관련이 있기 때문입니다. 하지만 사과나 바나나는 일일이 이름을 붙이더라도 먹어 치우면 없어져 버리기 때문에 아무런 소용이 없습니다. 우리에게 중요한 것은 같은 맛이 나는 사과라는 과일과 이것과는 다른 맛을 지닌 바나나라는 과일을 구별하는 일입니다. 사과라는 동일한 과일일지라도 종류나 산지에 따라 조금씩 향이 다르므로 그 차이가 중요할 때에는 "이것은 사과입니다."라고 하는 대신에 "이것은 골든딜리셔스이고, 이쪽은 아오모리사과입니다."와 같이 좀 더 세세한 종류의 이름을 사용합니다.

이름을 붙이는 법과 쓰는 법

이와 같이 사물의 이름은 매우 필요한 것에는 일일이 다른 이름을 붙이고, 그 외에는 필요에 따라 대략적으로 사물의 집합에 이름을 붙입니다.

사물에 어떠한 이름을 붙여 부를까 하는 것은 우리의 생활이나 태도와 관계가 있습니다. 예를 들면, 일본의 어부들은 숭어라고 하는 물고기를 크기가 작을 때에는 스바시리(우리말로 동어 - 옮긴이), 좀 더 크면 이나(우리말로 모쟁이 - 옮긴이), 좀 더 성장하면 보라(우리말로 숭어 - 옮긴이), 훌쩍 크면 도도(성장한 숭어 - 옮긴이)라고 부릅니다. 숭어의 생장 시기에 따라

각기 다른 이름으로 부릅니다. 그러나 영어에는 머릿(mullet – 옮긴이)이라는 이름밖에 없습니다. 이는 일본인이 물고기를 자주 먹는 생활 습관에서 나온 것입니다.

이와 달리, 예전에 그다지 짐승의 고기를 먹지 않았던 일본인은 닭의 고기도 소의 고기도 돼지의 고기도 모두 '고기'라고 부르고, 굳이 구별할 때에는 닭고기, 쇠고기, 돼지고기라는 식으로 동물의 이름을 앞에 붙여 구별합니다. 그러나 예전부터 고기를 즐겨 먹었던 서양(예를 들면 영미권)에서는 치킨(닭고기), 비프(쇠고기), 포크(돼지고기)라는 식으로 처음부터 각기 다른 이름을 붙여 불렀습니다. 이러한 예는 수없이 많습니다.

이름을 쓰는 법은 목적에 따라서도 다릅니다. 지호는 의사 선생님으로부터 다음과 같은 말을 들었습니다. "지호, 고기만 먹지 말고 채소를 좀 더 먹어라." 지호는 집으로 돌아와 이 사실을 어머니에게 말씀드렸습니다. 어머니가 "그렇다면 지호, 채소가게에 가서 채소를 좀 사 오너라."라고 하셨습니다. 지호는 채소가게로 갔습니다. "아주머니, 채소 좀 주세요."

하지만 이렇게 해서는 아무런 소용이 없습니다. 채소가게 주인은 무엇을 주면 좋을지 모르기 때문에 곤란해할 것입니다. 이럴 때에는 "무하고

시금치 좀 주세요."라는 식으로 좀 더 자세하게 분류된 이름으로 말하지 않으면 안 됩니다.

이와 같이 우리는 생활의 필요나 그때그때의 목적, 그 밖의 다양한 이유에 따라 이름 부르는 법이나 붙이는 법을 달리하고 있습니다. 그러나 놀랍게도 거기에는 모두 어떠한 질서가 부여되어 있습니다. 결코 터무니없는 이야기는 아닙니다.

다양한 이름 사이에 있는 질서

그렇다면 어떠한 질서가 있는 것일까요? 우선 다음 페이지의 표를 보아 주십시오.

A에서는 제일 아래에 쓰여 있는 것이 은호나 지호라고 하는 개개인의 이름입니다. 달리 말해서 이들 하나하나의 이름에 대응하여 각각 한 사람씩 있습니다. 그러나 은호나 지호와 눈의 색이나 머리색이 약간 다른 마르셀과 드보아도 있습니다. 따라서 우리는 은호나 지호와 닮은 다수의 사람들을 하나로 묶어 한국인이라고 부르고, 마르셀이나 드보아와 같은 사람들을 하나로 묶어 프랑스인이라고 부릅니다.

이렇게 묶어 가면, 한국인, 프랑스인, 미국인, 중국인, 그 밖에 '……인' 이라 불리는 다수의 범주가 만들어지게 됩니다. 이 범주를 우리는 인간이라고 부르며, 이 범주는 피테칸트로푸스(자바원인 – 옮긴이), 시난트

A. 이름의 단계 조직

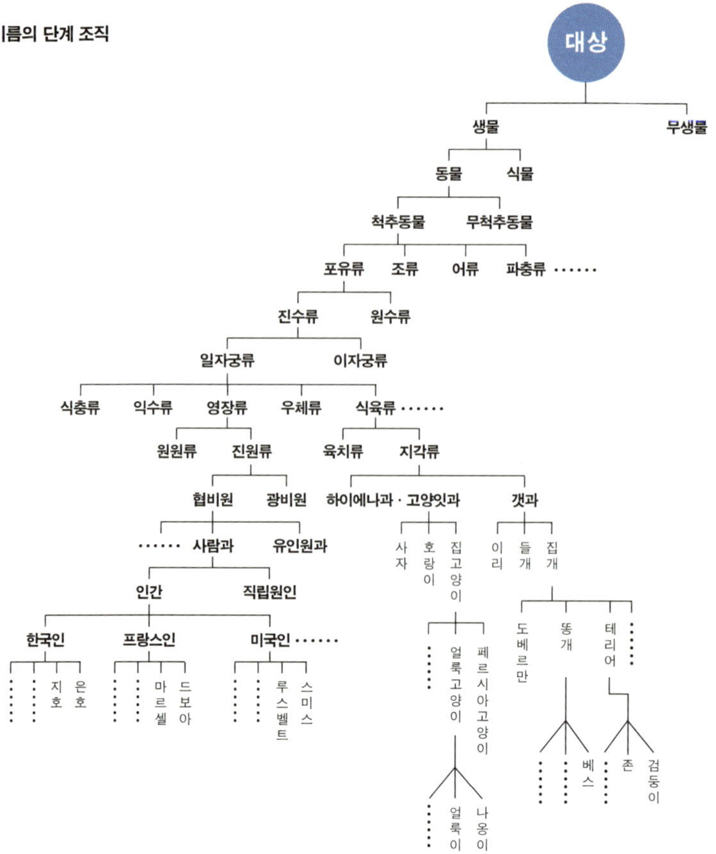

대상
생물
무생물
동물
식물
척추동물
무척추동물
포유류
조류
어류
파충류 ……
진수류
원수류
일자궁류
이자궁류
식충류
익수류
영장류
우체류
식육류 ……
원원류
진원류
육치류
지각류
협비원
광비원
하이에나과 · 고양잇과
갯과
사자
호랑이
집고양이
이리
들개
집개
…… 사람과
유인원과
인간
직립원인
얼룩고양이
페르시아고양이
도베르만
똥개
테리어
한국인
프랑스인
미국인 ……
지호
은호
마르셀
드보아
루스벨트
스미스
베스
존
검둥이
얼룩이
나옹이

B. 식용 측면에서의 분류

대상
먹을 수 없는 것
먹을 수 있는 것
과일
과자
육류
채소
전병
찹쌀떡
비스킷
짐승고기
새고기
생선
사과
귤
인도
딜리셔스
기슈귤
이요귤
돼지
소
정어리
꽁치
참치

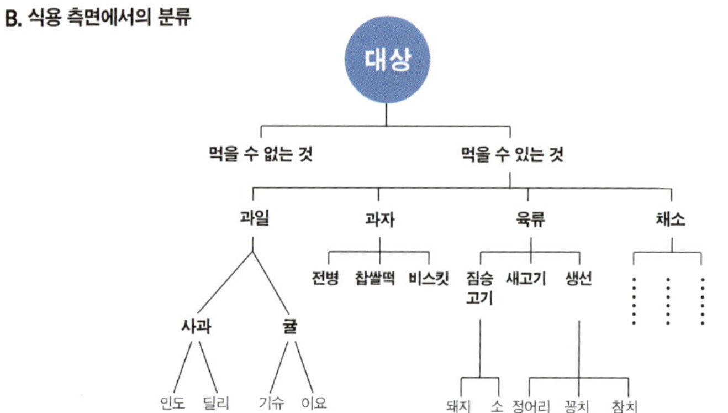

로푸스(북경원인 – 옮긴이) 등과 같이 지금까지 두골이나 다리뼈 등만이 발견된 아주 먼 옛날의 직립원인과는 일단 구별됩니다. 하지만 인간도 직립원인도 긴팔원숭이나 침팬지나 고릴라 등의 유인원과에서 보면, 어떤 닮은 공통된 성질을 가지고 있기 때문에 하나로 묶어 사람과科로 부를 수가 있습니다.

달리 말하면, 은호는 한국인이라는 범주에, 마르셀은 프랑스인이라는 범주에 속하고 한국인이라든지 프랑스인이라는 범주는 인간이라는 좀 더 넓은 범주에 속합니다. 나아가 인간이라는 범주는 직립원인이라는 범주와 함께 한층 더 넓은 범주인 사람과에 속해 있습니다.

포함하는 것과 포함되는 것

여기에서 말하는 좀 더 넓은 범주란 그 범주에 속하는 구성원의 범위가 넓다는 의미입니다. 다른 말로 하면 '은호'라는 이름이 적용되는 범위는 동성동명인 경우를 제외하고 은호 한 사람이지만, '한국인'이라는 이름으로 불리는 대상의 범위는 4,000만 이상의 사람들이고, '인간'이라고 불리는 대상의 범위는 훨씬 더 넓다는 것입니다.

따라서 이것을 원형의 그림으로 나타내 보면 48페이지의 그림과 같이 되고, 옆 페이지의 표에서 위쪽에 있는 범주일수록 큰 원을 이루고, 아래쪽에 있는 범주는 그 속에 포함됩니다. 말하자면, 사람과의 범주 속에는

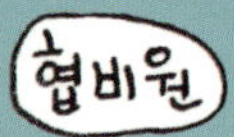
협비원

사람과
은호
지호
스미스
한국인
미국인
드보아
마르셀
프랑스인
인간
피테칸트로푸스
시난트로푸스
직립원인

유인원과
긴팔원숭이
침팬지
고릴라

인간의 범주와 직립원인의 범주가, 인간의 범주 속에는 한국인이나 프랑스인의 범주가, 한국인의 범주 속에는 은호가, 프랑스인의 범주 속에는 마르셀이나 드보아 등이 포함되어 있습니다.

이와 같이 다양한 이름 사이에는 포함하기도 하고 포함되기도 하는 관계가 있습니다. "은호는 한국인이다."라고 말할 때의 '……이다'는 '……의 구성원이다' 라든지 '……에 포함된다' 라는 것을 나타내고 있으며, 논리학자는 이것을 은호∈한국인(일반적으로 x∈F)과 같이 씁니다.

■ '……는 ……이다' 라고 할 때의 '이다'는 '……과 ……이 동일하다' 는 것을 나타내기도 합니다. 예를 들면 "도쿠가와 이에야스는 도쿠가와 막부의 창시자이다."라든지 "5 더하기 7은 12이다."라고 할 때에는 도쿠가와 이에야스＝도쿠가와 막부의 창시자(일반적으로 A＝B)라는 것을 의미합니다. 그러나 '이다' 라는 말을 항상 '동일함'을 의미하는 것으로 생각해서는 안 됩니다. 이 차이를 깨닫지 못하면, 은호가 하는 다음의 말들과 같이 인간이 말馬이 되어 버리고 맙니다. "왜냐하면" 하고 은호는 말합니다. "5＋3＝8이고, 4＋4＝8이므로 5＋3은 4＋4라는 것과 동일하다. 따라서 이와 마찬가지로 인간은 동물이고, 말도 동물이므로 인간은 말이라는 게 되는 거지."

바르다		
		5＋3은 8이다
		4＋4는 8이다
	따라서	4＋4는 5＋3이다
잘못되었다		
		인간은 동물이다
		말은 동물이다
	따라서	말은 인간이다

‘이다’ 라는 말이 항상 ‘……과 동일하다’ 라는 것을 나타낸다면 모든 것이 간단하겠지만, ‘……에 포함된다’ 라든지 ‘……의 구성원이다’ 라는 것을 의미하는 경우가 있기 때문에 다소 복잡한 일이 일어납니다.

주어와 술어에 대하여

보통 우리는 “미국인은 미합중국의 시민권을 가지고 있는 사람이다.” 라고 하든, 또는 “미합중국의 시민권을 가지고 있는 사람은 미국인이다.” 라고 하든, 같은 것을 말하고 있기 때문에 어떤 식으로 말하더라도 문제가 없습니다.

그러나 우리는 일반적인 경우 “한국인은 동양인이다.”라든지 “은호는 정직한 아이다.”라고 말하지만, “동양인은 한국인이다.”라든지 “정직한 아이는 은호이다.”라고는 말하지 않습니다.

앞의 경우, 문장의 주어인 ‘미국인’ 과 술어인 ‘미합중국의 시민권을 가지고 있는 사람’ 은 동일하므로, 주어와 술어의 위치를 서로 바꾸더라도 괜찮습니다. 이것은 A=B와 B=A가 같은 것과 마찬가지입니다.

그러나 뒤의 경우, 주어인 ‘한국인’ 과 술어인 ‘동양인’ 에서 나타내는 범위가 동양인 쪽이 훨씬 넓기 때문에, 주어(한국인)가 술어(동양인) 속에 포함되게 됩니다. 이 경우, B는 A를 포함한다고 말하는 것과 A는 B를 포함한다고 말하는 것은 결코 동일한 것이 아니라 오히려 반대가 됩니다.

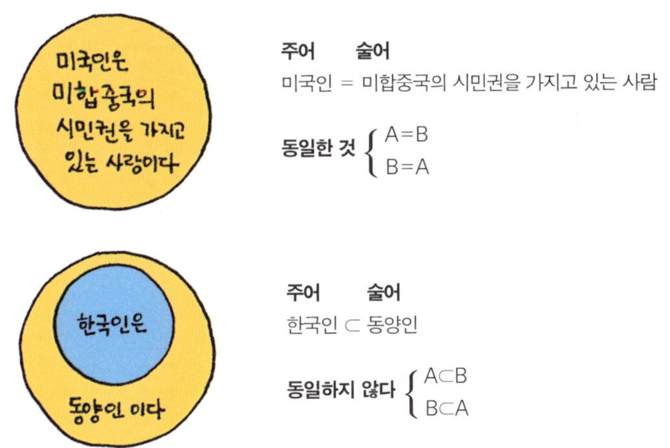

그리고 일반적인 언어 사용법에서는 주어가 가리키는 대상의 범위가 좁고, 술어가 가리키는 대상 쪽이 넓으며, 주어는 술어에 포함되고, 술어는 주어를 포함하는 식으로 주어와 술어를 정합니다.

따라서 앞에서 보여드린 '이름의 단계 조직'의 어느 부분을 '……은 ……이다'와 같이 나타내고자 한다면, "루스벨트는 미국인이다."라든지 "이리는 갯과이다."와 같이 하위에 있는 이름이 주어가 되고, 상부에 있는 이름은 술어가 되어야 합니다.

이러한 문법상의 언어 사용 규칙은 세계의 수많은 언어에서 공통적으로 나타나는 특징으로, 한국어를 비롯하여 영어에서도 프랑스어에서도 러시아어에서도 중국어에서도 마찬가지입니다. 그렇다면 이러한 주어와 술어의 구별은 인간이 사용하고 있는 각기 다른 다양한 언어와는 상관없이 "인간이 각각의 언어를 써서 생각할 때 사고 체계의 한 법칙이다."라고 할 수 있을 것입니다.

실제로 예전부터 철학자들은 '⋯⋯은 ⋯⋯이다' 라는 문장 속에서 쓰이고 있는 주어와 술어의 서로 다른 역할을 간파하고, 이와 관련시켜 철학에서 말하는 형이상학이라든지 인식론이라는 학문을 생각했습니다. 이는 상당히 어려운 문제지만, 좀 더 뒤에 논리학과 관계되는 것만을 이야기하기로 하겠습니다.

아무튼 지금까지의 이야기로부터 여러분은 '생각한다' 는 말의 제1 의미, 즉 '단순한 것을 안다' 라는 경우일지라도 이미 우리는 우리 자신도 모르는 사이에 어떤 일정한 규칙에 따라 무엇인가를 생각하고 있다는 것을 깨달았으리라 믿습니다.

말에 의해 사물을 생각한다는 것

우리는 입으로 말하지 않더라도 사물을 생각할 때에는 우리가 쓰는 말에 따라서 사물을 생각합니다. 예를 들면, 여러분이 바닷가에 서서 바다 위를 바라보고 있을 때 멋진 배가 지나갔다고 합시다. 여러분은 당연히 "멋진 배가 지나가네." 하고 마음속으로 생각하겠지만, 만약 '멋진' 이라는 말도 '배' 라는 말도 '지나간다' 는 말도 모른다고 한다면, 과연 여러분은 무엇을 생각할 수 있을까요?

물론 눈에 비친 이상 무엇인가를 감지했을지도 모르지만, 그것은 생각한다는 것과는 거리가 멀 것입니다. 더구나 "한국은 민주주의 국가다." 와 같은 것을 생각할 때, '한국'이나 '민주주의'는 눈에 보이거나 손으로 만질 수 있는 것이 아니기 때문에 이러한 말이 여러분의 머릿속에 없다면, 생각하는 것은 전혀 불가능합니다. 따라서 생각하기 위해서는 우선 말을 알고, 말의 사용 규칙을 따르지 않으면 안 됩니다.

또한 문장을 만들기 위한 갖가지 규칙을 준수하는 것도 필요합니다. 명사의 경우에는 앞에서 본 바와 같이 단계 조직이 있어서 포함하기도 하고 포함되기도 하는 관계가 있기 때문에 이 규칙에 따라 주어나 술어를 사용하지 않으면 안 됩니다.

바르게 생각하는 것과 말을 잘하는 것

말을 구사하는 규칙에는 많은 것들이 있습니다. 세련된 구사법, 천박한 구사법, 다른 사람을 화나게 하는 구사법, 다른 사람을 즐겁게 하는 구사법, 그 밖에도 다양하게 있지만 생각한다는 것만을 위해서는 아주 개략적인, 그렇지만 가장 뼈대를 이루는 규칙만으로 충분합니다. 다른 말로 하면, 이러한 규칙이 논리적인 규칙입니다.

따라서 '생각한다'든지 '논리적으로 생각한다'는 것은 가장 근본이 되는 중요한 것입니다. 생각한 것을 다른 사람에게 납득이 가도록 발표한다든지, 세련된 방법으로 다른 사람에게 감동을 주게끔 말하기 위해서는 단지 조리 있는 규칙을 따르기보다 좀 더 복잡한 화술을 구사할 수 있어야 합니다. 그러나 이것은 변론술이나 수사학이라고 부르는 것으로, 조리에 맞는다고 하는 것과는 일단 별개의 것입니다. 능란하게 화려하게 말한다는 것과 조리 있게 바르게 생각한다는 것을 같다고 생각해서는 안될 것입니다. 물론 양쪽 다 가능하면 더없이 좋겠지만 말입니다.

말과 기호의 관계

우리는 말을 통하여 사물을 알기 때문에 말은 이른바 사물의 기호와 같습니다. 네모난 신호등의 적색등은 '정지하라'는 것을 나타내는 기호로, 이 불이 켜지면 지나가던 사람들이 모두 멈출 것입니다. 이와 마찬가지로 여러분이 식당에 들어가 "카레라이스 주십시오."라고 하면 어느 식당에 가더라도 같은 음식을 내줍니다. 그것은 '카레라이스'라고 하는 말이 일종의 음식 기호이기 때문입니다.

한편, 기호로서의 말은 하나하나의 대상을 개별적으로 가리킬 뿐만 아니라, 어떤 점에서 서로 닮은 것을 하나로 묶어 다른 대상과 구별하는 역할도 합니다. 또한 하나로 묶는 방식에는 크게 묶기도 하고 세세하게 묶기도 하는 차이가 있다는 것도 앞에서 말씀드렸습니다. 예로써 명사의 경우와 '……은 ……이다'와 같은 문장의 경우만을 말씀드렸는데 동사나 형용사, 부사 등의 경우에도 마찬가지입니다.

"지호는 뭔가를 찾고 있다."라고 말할 때, 실제로 지호가 하고 있는 하나하나의 행동은 책상 서랍을 여는 일, 가방 속을 들여다보는 일, 책 사이를 살피는 일, 호주머니에 손을 넣는 일 등입니다. 이러한 동작이 따로따로인 것이 아니라 무엇인가 어떤 것을 손에 넣기 위해서 하고 있는 일련의 행동인 것을 알았을 때, 우리는 이러한 지호의 여러 동작을 '찾는다'라는 동사로 묶어냅니다.

말과 인간의 세계

이렇게 하여 우리는 우리 주변의 세계를 각기 다른 목적에 부합하는 방식으로 묶어 말의 세계 속에 모사합니다. 사진이나 사생화와 같이 있는 그대로 충실하게 본떠서 그리는 것이 아니라, 우리의 목적에 따라 묶는 방식과 구획 방식을 달리하여 모사합니다.

묶는 방식 또한 아주 다양합니다. 단지 모양이 닮은 사물이나 색깔이 닮은 사물, 눈으로 보기도 하고 손으로 만지기도 하는 식으로 사물의 공통점을 묶을 뿐만 아니라, 그것의 용도와 기능, 가치, 그것들로부터 받는 우리의 감정 등을 중심으로 묶기도 하여 점차 어려운 말을 만듭니다.

예를 들면, 우리가 어떤 종류의 닮은 동물을 하나로 묶어 '고양이' 라고 부르고, 많은 나무가 하나의 집단을 이루어 자라고 있는 곳을 '숲' 이라고 부르듯이 우리 주변의 세계로부터 각 사물의 이름으로 만들어진 말의 세계를 모사합니다. 또한 우리는 싸움을 하고 있는 사람들을 보고는, 그 사람들 마음속에 있는 미움의 감정을 중심으로 하여 '증오' 라는 말을 합니다. 꽃이나 작은 시내, 또는 그림을 보고 느낀 우리의 감정을 '아름다움' 이라는 말로 나타냅니다. 사람들이 사이좋게 지내는 모습을 보고 저도 모르게 따뜻해지는 느낌을 묶어 '사랑' 이라는 말을 만듭니다. 쓰레기통이나 시궁창을 보았을 때의 느낌을 하나로 묶어 '더럽다' 라는 말을 씁니다.

나아가 증오나 더러운 것을 보고 마음에 품는 느낌을 '악惡' 이라 부르고, 아름다운 것이나 사랑의 느낌을 갖게 하는 것을 하나로 묶어 '선善'이라고 부를 수도 있습니다. 이러한 말이 가리키는 것은 손으로 만질 수도 눈으로 볼 수도 없지만, 그래도 역시 우리에게는 소중한 말입니다. 이러한 세계를 추상의 세계라고 합니다. 실제 사물 이름의 세계도, 이러한 추

물리적인 세계

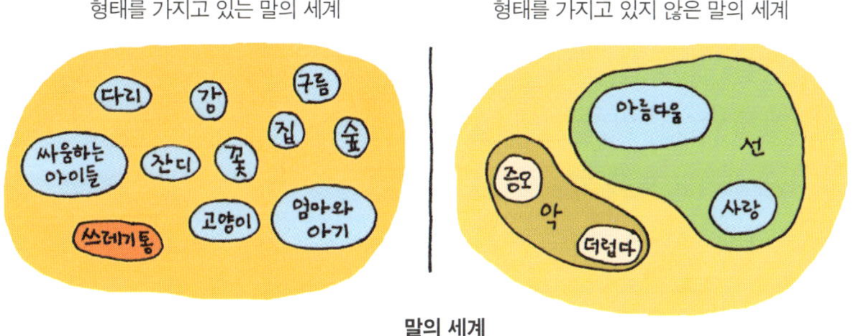

말의 세계

상의 세계도, 둘 다 단 하나인 우리 주변에 있는 세계로부터 우리가 각각의 필요에 따라 묶어내어 만든 것입니다.

따라서 단지 집이나 산이나 강의 세계뿐만 아니라 학문과 사상도 우리들 세계의 일부분입니다.

바로 이 때문에 우리 인간은 지진이나 화재로 인해 고통 받는 것과 마찬가지로 잘못된 정치, 나쁜 법률, 자기가 반대하는 사상 등에 의해서도 고통 받게 됩니다. 또한 단지 맛있는 음식을 먹기만 하는 즐거움뿐만 아니라 학문을 하고 올바른 사고를 하는 일의 즐거움도 느낄 수가 있습니다.

지금까지 이야기한 것은 어떤 의미에서 여러분에게 당연한 일입니다. 이러한 것을 배우지 않더라도 이미 여러분은 지금까지 이야기해 온 의미에서는 바르게 생각하고 있습니다. 여러분은 채소가게에 가서 "채소 좀 주세요."라는 식으로 말하지 않을 것이며, "한국인은 은호다."와 같이 말하지도 않을 것입니다. 앞에서 말한 규칙 등을 모르더라도 이미 실제로 규칙에 따라 바르게 말하고, 바르게 생각하고 있습니다.

그렇다면 왜 이러한 것을 가르치고, 알아야 할까요?

그것은 여러분이 이미 이런 의미에서는 바르게 생각하고 있지만, '왜 바른가' 라는 것을 생각한 적이 없기 때문입니다. 개가 달리고 있는 것을 보고 "개가 달리고 있다."라고 말하거나 생각하면 되기 때문에 그 이상으로 "개가 달리고 있을 때 '개가 달리고 있다' 라고 생각하거나 말하는 것은 도대체 무엇을 의미하는 것일까."라고 생각하지 않습니다.

다른 말로 하면, 여러분은 "논리란 무엇일까?"라고 묻지만, 실은 논리의 어떤 부분을 이미 자기 스스로 활용하고 있다는 사실을 모릅니다. 따라서 자기가 이미 활용하고 있는 논리를 깨닫는 일은 좀 더 복잡한 논리(평소에는 별로 활용하지 않는, 또는 활용하고 있더라도 종종 잘못 활용하고 있는 논리의 부분)를 아는 데에 아주 큰 도움이 됩니다. 그리고 일반적으로 논리학 교과서는 이와 같이 평소에 별로 활용하시 않는 부분(하시만 '정확하게' 사물을 생각할 때에는 필요한 부분)을 설명하고 있습니다.

그런데 이처럼 어려운 논리라는 나무의 줄기와 가지만을 익히게 되면, 논리는 그저 논리학이라는 학문이 될 따름이고 여러분의 실생활 속에 다가오지 않습니다. 논리라는 나무의 뿌리, 여러분이 이미 십분 활용하고 있는 뿌리까지 다시 한번 파내려 가면, 비로소 논리가 여러분의 실생활에 얼마만큼 밀착되어 있는가를 알 수 있을 것입니다.

다음 장에서는 '생각한다'는 말의 제2 의미와 누구나 다 활용하고 있지는 않은 '생각한다'는 말의 구조에 대해 말씀드리겠습니다. 그러고 나서 다시 한번 이 장에서 말씀드린 논리의 뿌리로 돌아가, 실생활 속에서의 여러 사고 체계를 여러분 자신도 모르게 활용하고 있는 논리뿐만 아니라 새롭게 익힌 논리의 지식을 이용하면서 다양한 예를 살펴보기로 합시다.

3

사물을 올바르게 인식하기 위한 논리

지금까지는 '생각한다' 는 말의 두 가지 다른 의미에 대해 말씀드렸습니다. 그런 다음에는 그것의 제1 의미, 즉 "정원의 양귀비꽃이 붉다."라든지 "조지 워싱턴은 미국의 대통령이었다."라든지 "이 개는 테리어이다."와 같은 비교적 단순한 상황을 아는 것(판단)의 구조에 대해 말씀드렸습니다.

이번에는 '생각한다' 라는 말의 제2 의미, 즉 다양한 사물 사이의 좀 더 복잡한 관계와 다양한 판단 속에 드러난 지식 사이의 복잡한 관계를 찾아내는 것에 대해 말씀드리겠습니다.

개별적인 문장과 연결된 문장

바꾸어 말하면, 지금까지는 '장미는 붉다' 라든지 '눈은 희다' 와 같은 판단에서 쓰이는 다양한 이름의 성질, 좀 더 넓은 것을 가리키는 이름과 좀 더 좁은 것을 가리키는 이름의 구별, 그리고 주어와 술어의 차이에 대해 말씀드렸습니다.

여기에서는 '장미는 붉다' '눈은 희다' 등과 같은 다양한 판단이 하나하나 별개의 것으로가 아니라, 다양한 형태로 연결된 경우를 생각해 보기로 합시다.

예를 들면, 희수가 바닷가에 서서 바다 위를 바라본다고 합시다. 희수는 '갈매기가 날고 있다' '모터보트가 달리고 있다' '은호가 수영을 하고 있다' '지호가 수영을 하고 있다' 등과 같은 것을 각기 별개로 알 수 있지만, 또한 다음과 같이 생각할 수도 있습니다.

그리고 '갈매기가 날고 있다. 그리고 모터보트가 달리고 있다. 그리고 은호와 지호가 수영하고 있다.' 와 같이 네 가지의 판단을 '그리고' 라든지 '……와(과) ……' 등과 같은 말로 연결하여 생각할 수 있습니다.

이면 또한, 희수는 '만약 은호가 수영을 하고 있다면 지호도 수영을 하고 있다.' 와 같이 두 가지 판단을 '이면' 이라는 말로 연결하여 생각할 수 있습니다.

또는 마찬가지로 "누가 수영을 하고 있는가?"라는 질문을 받고 '은호가 수영을 하고 있거나 또는 지호가 수영하고 있다' 와 같이 '또는' 이라는 말로 연결하여 생각할 수도 있습니다.

아니다 좀 더 단순한 경우에는 '갈매기가 날고 있다' 는 판단을 부정하여 '갈매기가 날고 있지 않다' 고 할 것입니다. 이러한 부정의 '아니다' 라는 말이 딸린 판단은 그것이 딸리지 않은 판단과 약간 다릅니다.

여러분은 모자를 쓰고 있는 사람을 보고 "저 사람은 모자를 쓰고 있다."고 말합니다. 그것은 보기만 해도 알 수 있습니다. 왜냐하면 여러분의 눈에는 모자를 쓰고 있는 사람의 모자가 보이기 때문입니다. 하지만 모자를 쓰고 있지 않은 사람을 보고 "저 사람은 모자를 쓰고 있지 않다."고 말할 때 그것이 정말인지는 보기만 해서는 알 수 없습니다. 왜냐하면 여러분은 쓰고 있지 않은 모자를 볼 수가 없기 때문입니다. 여러분의 눈에 그 사람의 머리 색깔이나 형태는 보일 수 있겠지만, 그 사람의 머리 위에 없는 모자는 보이지 않기 때문입니다.

일상의 말 속에서

이처럼 우리의 일상생활에서는 '그리고' '또는' '이면' '아니다' 와 같은 말을 덧붙여서 써야 할 경우가 아주 자주 일어납니다.

초등학교 3학년인 슬기의 작문을 보기로 합시다.

"어제 일요일은 비가 내리지 않았기 때문에 나는 아빠와 과천 동물원에 갔습니다. 그리고 돌아오는 길에 영화를 봤습니다. 집을 나설 때, 아빠는 동물원에 가든지 또는 영화를 보든지 어느 하나로 하자고 말씀하셨지만 제가 막무가내로 둘 다를 고집했기 때문에 결국은 둘 다 했습니다. 만약 엄마가 같이 계셨더라면, 돌아오는 길에 백화점에 들러 제가 늘 사 달라고 조르던 야구 글러브를 사 주셨을 텐데……"

이 문장에서도 알 수 있듯이 일반적인 사물의 이름은 어떤 무엇인가를 가리키고 있습니다.

'아빠'는 아빠를, '과천 동물원'은 과천에 있는 동물원을 가리키고 있습니다. 그리고 '간다'라든지 '산다'는 어떤 동작을 나타내고 있습니다. 그리고 '아빠와 과천 동물원에 갔습니다'라는 문장으로 실제로 일어난 일을 묘사하고 있습니다. 하지만 '그리고' '이면' '아니다'와 같은 말은 도대체 무엇을 가리키고 있는 것일까요?

이들 말은 실은 아무것도 가리키고 있지 않습니다. 단지 문장이나 말을 서로 연결하고 맺어주는, 말하자면 풀과 같은 역할을 하고 있는 것입니다.

실험실에서의 기호

이러한 점은 다음과 같은 실험을 통해서도 알 수 있습니다.

은호의 눈앞에 청색, 황색, 녹색, 분홍색, 적색, 보라색, 흰색의 램프가 켜지기도 하고 꺼지기도 하게끔 되어 있습니다. 은호에게 청색 램프가 켜지면 카레라이스를, 황색 램프가 켜지면 단팥죽을, 녹색 램프가 켜지면 우동을, 분홍색 램프가 켜지면 메밀국수를 먹게끔 일러두었습니다. 따라서 은호에게 있어서 청색 램프는 카레라이스를 의미하고, 황색 램프는 단팥죽을, 녹색 램프는 우동을, 분홍색 램프는 메밀국수를 각각 의미합니다.

　그런데 이번에는 황색 램프와 적색 램프가 동시에 켜지면 단팥죽을 먹어서는 안 된다고 일러둡시다. 그리고 만약 청색과 녹색과 보라색 램프 3개가 동시에 켜지면 카레라이스 또는 우동 중 어느 하나를 먹도록 일러둡니다. 또한 황색과 분홍색과 흰색 램프가 함께 켜졌을 때에는 단팥죽과 메밀국수 둘 다 먹지 않으면 안 된다고 일러둡니다.

　이렇게 하면 적색 램프는 '아니다' 라는 것을 나타내고, 보라색 램프는

'또는'이라는 말과 같은 역할을 합니다. 흰색 램프는 '……와 ……'라는 말과 같음을 의미할 것입니다.

그런데 적색, 보라색, 흰색 램프는 이것에 대응하는 것이 아무것도 없습니다. 이와는 반대로 청색, 황색, 녹색, 분홍색 램프는 각각 카레라이스, 단팥죽, 우동, 메밀국수에 대응하고 있기 때문에 말하자면 이러한 사물의 기호가 됩니다.

이러한 실험으로 적색, 보라색, 흰색 램프가 의미하는 '아니다' '또는' '그리고' 등의 말은 사물의 기호가 아님을 알 수 있습니다. 앞에서 말씀드린 것처럼 이들은 사물의 기호에 달라붙어 그것을 부정하기도 하고, 다른 사물의 기호와 연결되기도 하는 역할을 하고 있음을 알 수 있습니다.

사물의 기호와 관계의 기호

지금까지의 설명에서 우리가 쓰는 말 속에는 어떤 사물의 기호와 같은 언어와, 직접적으로 어떤 사물의 기호가 아닌 오히려 어떤 사물의 기호와 다른 사물의 기호를 이어주는 역할을 하는 기호가 있음을 알 수 있었습니다. 또한 후자와 같은 경우의 기호는 어떤 사물에 대한 단순한 지식과 다른 어떤 사물에 대한 단순한 지식 사이에 어떠한 관계가 있는가를 나타내고 있다고 말할 수도 있을 것입니다.

이러한 말에는 '아니다' '그리고' '또는' '이면' 이외에도 많이 있습니다. 그중에서 '모든'이라든지 '어떤'과 같은 말도 이러한 종류에 속하지만 우선 가장 기본이 되는 '아니다' '그리고' '또는' '이면'이라는 말이 서로 어떻게 다른가에 대해 말씀드리겠습니다. 문장과 문장을 연결시키는 풀과 같은 역할을 하는 이들 말은, 풀에도 일반적인 풀, 고무풀, 또는 화학약품으로 만든 풀 등 제각기 그 세기가 다른 것처럼 연결 방식이 결코 같지 않습니다.

강한 말의 풀로 연결된 둘 또는 둘 이상의 문장(또는 문장으로 나타나 있는 우리의 지식) 관계는 약한 말의 풀로 이어져 있는 둘 또는 둘 이상의 문장 사이의 관계와는 다릅니다. 이것은 여러분과 부모 간의 관계가 여러분과 먼 친척 간의 관계와 다른 것과 마찬가지입니다.

논리를 알기 위해 필요한 용어와 기호

지금부터 이러한 각기 다른 연결 방식에 대해 말씀드리겠습니다. 그전에 여러분이 어쩌면 지금까지 써 본 적이 없을 법한, 하지만 논리라는 것을 알기 위해 필요한 용어나 기호를 두세 가지 설명해 두도록 하겠습니다.

앞에서 말씀드린 것처럼 우리가 생각하는 가장 단순하고도 기본이 되는 지식(어떤 것이 이러이러하다와 같은 지식)을 판단이라고 합니다. 그러나 일단 문장 또는 어떤 기호로 나타나 있는 경우, 이것을 명제라고 부릅니다.

'장미는 붉다' 라는 것은 하나의 명제이고, '눈은 희다' 라는 것도 마찬가지로 명제입니다. 우리는 지금부터 이러한 개개 명제의 내용(그 속에서 어떠한 것이 말로 표현되고 있는가)이 문제가 될 때에는, '장미는 붉다' 라든지 '눈은 희다' 라는 식의 별개의 문장으로 나타내기로 합시다. 그러나 내용이 문제가 되지 않고 어떠한 명제라도 좋을 경우, 즉 어떤 한 명제와 또 어떤 한 명제의 구별만 있으면 될 때에는 어떤 한 명제 '장미는 붉다' 를 p라는 기호로, 또 어떤 한 명제 '눈은 희다' 를 q로, 만약 그 외에 또 다른 명제가 있다면 그것을 각각 r, s 등의 기호로 바꿔 나타내기로 하겠습니다.

또한 많은 논리학자들이 다음과 같은 기호도 쓰고 있습니다.

'그리고' 라는 말 대신에   ·
'또는' 이라는 말 대신에   ∨
'이면' 이라는 말 대신에   ⊃
'아니다' 라는 말 대신에   −

따라서 이들 기호를 쓰면, 문장을 다음과 같이 나타낼 수가 있습니다.

문장으로 나타낸다	기호로 나타낸다
은호가 야구를 하고 있다. **그리고** 지호는 집에서 책을 읽고 있다.	$p \cdot q$
은호가 야구를 하고 있거나 **또는** 지호가 집에서 책을 읽고 있다.	$p \vee q$
은호가 야구를 하고 있으**면** 지호는 집에서 책을 읽고 있다.	$p \supset q$
은호는 야구를 하고 있지 **않다.**	$-p$

또한 이것을 여러 가지로 조합하여 변화시키면, 아래와 같은 복잡한 문장의 형태를 간단하게 나타낼 수 있습니다.

은호는 야구를 하고 있지 **않다. 그리고** 지호는 책을 읽고 있다.	$-p \cdot q$
은호가 야구를 하고 있거나 **또는** 지호는 집에서 책을 읽고 있지 **않다고 한다면** 은호는 야구를 하고 있지 **않다.**	$(p \vee -q) \supset -p$

그렇다면 '그리고' '또는' '이면' '아니다' 등의 말은 어떤 식으로 서로 다른 역할을 하고 있을까요?

참과 거짓에 대하여

이것을 설명하기 위해서는 뒤에서 좀 더 자세히 말씀드리겠지만, 일단 참이라든지 거짓이라는 말의 쓰임새에 대해 서술해 두는 쪽이 편할 것입니다.

저희 집에 은호와 은호의 동생 지호가 놀러 왔습니다. 정원 귀퉁이에 있는 단풍나무가 이미 완전히 물들어 있습니다. 은호는 2층에서 신문을 읽고 있는 제게 말했습니다. "아저씨, 정원의 단풍나무가 이젠 완전히 물들었어요."

그런데 어린 지호는 "아저씨, 정원의 단풍나무는 물들지 않았어요."라고 덧붙였습니다. 저는 신문을 놓고 "지호, 네가 말한 건 거짓말이야. 거짓말하면 안 된단다."라고 나무랐습니다.

실제로 단풍나무는 물들어 있었습니다. 그래서 "정원의 단풍나무는 물들어 있다."고 하는 은호의 주장은 타당한 것입니다. 이 경우, 우리는 은호가 말한 명제는 참이라고 합니다. 이에 반해 지호가 말한 "정원의 단풍나무는 물들지 않았어요."라는 주장은 거짓이거나, 그렇지 않으면 잘못입니다. 우리는 지호가 주장한 것(명제)은 거짓이라고 합니다.

대략적으로 말하면 'p'라는 어떤 명제가 참이면 'p가 아니다'라는 명제는 거짓이 됩니다. 그리고 'p'인지 'p가 아니다'인지를 구별하는 일, 또는 마찬가지지만 'p'가 참인지 거짓인지를 구별하는 일은 우리의 지식에 있어서 아주 중요한 일입니다.

다양한 종류의 논리

오늘은 소풍을 가는 날입니다. 그런데 가랑비가 조금씩 내리기 시작했습니다. '오늘은 수업을 한다'는 건지 '오늘은 수업을 하지 않는다'는 건지 확실한 판단을 내릴 필요가 있습니다. 또는 '오늘은 수업을 한다'고 하는 아버지의 판단이 진실인지 진실이 아닌지(참인지 거짓인지)를 아는 것은 아주 중요한 일입니다. 물론 아무리 생각해도 어느 쪽으로 정할 수 없으면, 여러분은 '수업을 한다'와 '수업을 하지 않는다'의 중간을 취해 '아마 수업을 할지도 모른다'라고 판단하여 소풍과 수업 둘 다 준비해서 갈 것입니다.

이런 경우에 '한다' '하지 않는다' 두 가지 기준만으로는 판단을 내리기 곤란하기 때문에 '한다' '할 수도 있다' '하지 않는다' 의 세 가지 기준으로 생각하는 게 좋습니다. 이와 같이 세 가지 이상의 기준으로 사물을 판단할 때의 논리를 '확률논리' 또는 '귀납논리' 라고 합니다.

평소에 우리가 경험을 통해 알고 있는 간단한 지식이나 판단 속에는 참과 거짓, 두 가지만으로 나눌 수 없는 것이 많이 있습니다. 학교에서 누군가 "너희 집에 개 있어?" 라고 물으면, 지호는 "응, 우리 집에 개 있어." 라고 답합니다. 분명히 아침에 학교로 오기 전에 개와 함께 운동을 했기 때문입니다. 하지만 개는 지호가 학교에 가 있는 사이에 없어질 수도 있습니다. 그렇다면 지호의 대답은 100% 참이 아니라 90%든지 99%까지 참이라고 할 수 있게 됩니다. 완전히 참도 아니고 완전히 거짓도 아닌 중간의 경우가 얼마든지 있기 때문입니다.

이에 대해서도 나중에 말씀드리겠지만 이러한 기준이 두 가지밖에 없을 경우, 말하자면 'p' 든지 'p가 아니든지' 또는 'p' 가 참이거나 거짓의 어느 한 쪽밖에 생각할 수 없는 경우가 우선 가장 기본이 되는 것으로 생각하기로 합시다. 이와 같이 참과 거짓의 두 가지 기준만으로 우리의 지식을 분류해 가는 방식을 '연역논리' 라고 합니다.

다양한 표현 방법

예를 들어, "3 더하기 4는 7이다."라는 주장은 참 또는 거짓 어느 한 쪽으로 정할 수 있습니다. 이 주장은 참이므로 결코 거짓이 아닙니다. 반면 "3 더하기 4는 8이다."라는 명제는 거짓이므로 결코 참은 아닙니다. 수학의 어떠한 계산식을 취해 보더라도 참이거나 거짓 어느 한 쪽으로 결론이 납니다. 중간은 없습니다. 여러분이 본 수학 시험에서도 답이 맞거나 틀리거나 어느 한 쪽으로 결론이 나고, 반만 맞고 반은 틀리는 경우는 실제로 없습니다.

이처럼 참 또는 거짓 어느 한 쪽으로 정할 수 있는 확실한 지식을 수학 계산에서만 볼 수 있는 것은 아닙니다. "비 오는 날은 날씨가 나쁘다."는 명제는 '아마도 참일까' 라고 의심하는 것조차 불가능합니다. 그것은 절대로 틀리지 않은 진리이며, 반대로 "비 오는 날은 날씨가 좋다."는 것은 분명히 거짓이므로 이러한 종류의 표현 방법(예를 들면 "백마는 말이다."든지 "검은 고양이는 검지 않다."는 식)은 참 또는 거짓 어느 한 쪽으로 판단이 서게 됩니다. 그 중간은 생각할 수 없습니다.

좀 더 복잡한 표현 방법의 예를 들어 보기로 합시다.

A 사람은 부자이거나, 또는 가난뱅이이거나 어느 한쪽이다. 그리고 사람은 부자라면 공부하여 출세하거나, 또는 공부하지 않고 신세를 망친다. 그렇다면(이면) 사람은 만약 가난뱅이라면 공부하여 출세한다.

B 사람은 부자이거나, 또는 가난뱅이이거나 어느 한쪽이다. 그리고 사람은 부자라면 공부하여 출세하거나, 또는 공부하지 않고 신세를 망친다. 그렇다면(이면) 사람은 가난뱅이이거나, 또는 출세하지 않거나, 또는 부자이거나 어느 한 쪽이다.

C 사람은 부자이거나, 또는 가난뱅이이거나 어느 한쪽이다. 그리고 부자라면 공부하여 출세하거나, 또는 공부하지 않고 신세를 망친다. 그렇다면(이면) 사람은 부자이고, 그리고 가난뱅이이며, 그리고 또한 출세하지 않는다.

A, B, C는 각각 '또는' '이면' '그리고' 와 같은 말로 연결되어 있는 일련의 문장입니다. 기본이 되는 단순한 명제는 다음의 두 가지뿐입니다.

◆ **사람은 부자이다.＝p**

"사람은 가난뱅이이다."는 "사람은 부자이다."의 부정과 마찬가지이므로 −p로 나타냅니다.

◆ **사람은 공부하여 출세한다.＝q**

"공부하지 않고 신세를 망친다."는 "사람은 공부하여 출세한다."의 부정인 −q로 해석합니다.

따라서 이들 문장의 형태를 기호로 간단하게 나타내면 다음과 같습니다.

A 〔(p 또는 −p) 그리고 {p이면 (q 또는 −q)}〕이면 (−p이면 q)

$$\{(p \lor -p) \cdot \{p \supset (q \lor -q)\}\} \supset (-p \supset q)$$

B ((p 또는 −p) 그리고 {p이면 (q 또는 −q)})이면 (−p 또는 −q 또는 p)

$$\{(p \lor -p) \cdot \{p \supset (q \lor -q)\}\} \supset (-p \lor -q \lor p)$$

C ((p 또는 −p) 그리고 {p이면 (q 또는 −q)})이면 (p 그리고   p 그리고 −q)

$$\{(p \lor -p) \cdot \{p \supset (q \lor -q)\}\} \supset (p \cdot -p \cdot -q)$$

분명히 하기 위한 기호

얼핏 보아 아주 번거로운 듯한 이러한 기호로 고쳐 본 것은 일을 어렵게 하기 위한 것이 아니라, 그 반대로 알기 쉽고 분명하게 하기 위해서입니다. A, B, C는 우리의 일상 언어로 쓰여 있습니다. 과연 A 전체는 참일까요? 거짓일까요? '그렇다면(이면)' 이라는 말의 앞에 있는 문장으로부터 '그렇다면' 의 뒤에 있는 문장이 타당하게 도출될 수 있을까요? 마치 "비가 오고 있다면 날씨가 나쁘다."라고 할 수 있듯이 말입니다. B는 어떨까요? 또한 C는 어떨까요?

이를 위해서 단지 하나하나의 문장을 아무리 생각하더라도 소용이 없습니다. 그리고 이 물음에 답하기 위해서는 하나하나의 문장이 말하고 있는 내용이 중요한 것이 아니라, '또는' '이면' '그리고' '아니다' 등의 결합 방식과 그것이 올바른지 어떤지를 아는 것이 중요합니다. 다른 말로 하면, 하나하나의 문장은 뭐가 되든 상관없지만 여러 문장이 '또는'

‘이면’ ‘그리고’ ‘아니다’ 등에 의해 연결될 때의 결합 형태는 문제입니다.

좁은 의미의 논리학

어느 일정한 결합 형태가 하나하나의 문장의 의미와 관계없이 언제나, 어디서나, 어떤 것에 대해 일컬어지더라도 참인지 어떤지를 알아내는 일, 그리고 항상 참일 수 있는 형식을 새롭게 만들어 가기 위한 방법, 이 것들이 아주 좁은 의미에서의 논리학의 임무로, 수많은 논리학 전문가들이 갖가지 방법으로 이 문제와 씨름하고 있습니다.

이러한 좁은 의미에서의 논리학은 수학과 아주 유사합니다. ‘3+4=7’이라는 식에서는 3이라는 수는 3명의 사람이든 3개의 사과든 그런 것과는 관계가 없습니다. 중요한 것은 수의 차이뿐입니다. 그리고 이러한 3이라는 수와 4라는 수를 더하면 7이라는 수가 되고 그것이 참이라는 사실 자체가 중요합니다. 좁은 의미의 논리학과 수학은 이러한 측면뿐만 아니라, 현대사회의 훨씬 더 많은 다른 측면에서 깊은 관계를 맺어 왔습니다. 하지만 이 문제는 너무 복잡해지기 때문에 이 책에서는 덮어 두겠습니다. 다만, 이러한 현대논리학의 사고방식에 커다란 영향을 끼친 철학자의 한 사람으로 버트런드 러셀이 있었다는 사실은 기억해 두는 게 좋습니다.

그러나 이러한 좁은 의미에서의 논리학은 여러분이 일상생활에서 어떤 것을 생각할 경우, 직접적인 도움이 되지는 않을 것입니다. 이것이 도움이 되는 것은 훨씬 더 전문적인 학문의 세계로, 이것을 통해 비로소 사물에 대한 우리의 사고방식이 간접적으로 영향을 받습니다.

저는 이 책에서 이러한 전문적인 세계는 그다지 다루고 싶지 않습니다. 그러나 여기에서 근본이 되는 사유 체계는 아주 중요하며, 실은 이 사유 체계가 여러 다른 학문과도 관계되기 때문에 여러분에게 가장 알기 쉬운 방식으로 이 근본이 되는 사유 체계를 설명해 보겠습니다.

그리고(·)

무엇보다도 우선 '그리고' '또는' '이면' 등의 역할의 차이에 대해 말씀드리도록 하겠습니다.

'……와 ……' 또는 '……그리고 ……' 와 같은 말로 연결된 문장 전체는 어떠한 경우에 참이고, 어떠한 경우에 거짓일까를 생각해 봅시다.

지호의 아버지가 지호에게 "내일은 지호에게 《논리학 콘서트》 책과 《거울 속의 물리학》 책을 사 주겠다."고 말씀하셨습니다. 다음 날이 되어 아버지는 지호에게 《거울 속의 물리학》만 사 주고, 《논리학 콘서트》는 사 주지 않으셨습니다. 이때 지호는 틀림없이 이렇게 말했을 것입니다. "아버지가 어제 하신 말씀은 정말이 아니었네요."

　아버지가 하신 말씀이 정말(참)이 되려면, 아버지가 지호에게 《거울 속의 물리학》과 《논리학 콘서트》 둘 다를 사 줘야 합니다. 결국 ‘와’ 나 ‘그리고’로 연결된 문장에서 표현된 것이 양쪽 다 실현된 경우, 즉 양쪽 다 참을 이룬 경우입니다. 어느 쪽이든 하나가 실현되지 않았거나(거짓이거나) 양쪽 다 실현되지 않았다면, 아버지가 말씀하신 것은 전부 거짓이 됩니다. 아버지는 거짓말을 한 것이 됩니다.

　이때 네 가지의 경우가 일어납니다.

① 아버지가 《논리학 콘서트》를 사 주셨다.

　아버지가 《거울 속의 물리학》을 사 주셨다.

② 아버지가 《논리학 콘서트》를 **사 주지 않으셨다.**

　아버지가 《거울 속의 물리학》을 사 주셨다.

③ 아버지가 《논리학 콘서트》를 사 주셨다.

　아버지가 《거울 속의 물리학》을 **사 주지 않으셨다.**

④ 아버지가 《논리학 콘서트》를 **사 주지 않으셨다.**

　아버지가 《거울 속의 물리학》을 **사 주지 않으셨다.**

　“아버지가 《논리학 콘서트》를 사 주셨다.”를 p로 대신하고, “아버지가 《거울 속의 물리학》을 사 주셨다.”를 q로 대신하면 다음과 같이 됩니다.

① p   q

② -p   q

③ p -q

④ -p -q

나아가, 'p'를 'p가 참', 'q'를 'q가 참', '-p'를 'p가 거짓', '-q'를 'q가 거짓'과 같다고 하면, 아래의 그림과 같습니다.

	p	q
1	참	참
2	거짓	참
3	참	거짓
4	거짓	거짓

참을 O
거짓을 X로
표현하면

	p	q
1	O	O
2	X	O
3	O	X
4	X	X

이러한 네 가지의 경우가 있을 때, 결국 'p 그리고 q'라는 것은 'p'와 'q'가 둘 다 참일 경우만 참이 되고, 그 외의 경우는 거짓이 되기 때문에 옆의 표와 같이 나타낼 수 있습니다.

p	q	p · q
O	O	O
X	O	X
O	X	X
X	X	X

또는(∨)

다음으로 ‘……나 ……나’라든지 ‘……또는 ……’라는 말의 역할을
살펴보기로 합시다.

어머니가 “오늘 저녁에는 비프스테이크나 계란찜을 해 먹자.”고 말씀
하셨습니다. 슬기는 둘 다 아주 좋아하기 때문에 “와! 신난다!”라고 소리
쳤습니다. 드디어 저녁식사 시간이 되어 비프스테이크가 나왔다고 합시
다. 아무도 어머니가 거짓말을 했다고는 생각하지 않을 것입니다. 또는
비프스테이크가 아니라 계란찜이 나왔다고 합시다. 이때에도 낮에 어머
니가 하신 말씀이 정말이 아니었다고 생각하
는 사람은 아무도 없을 것입니다. 다
음으로, 저녁식사에 비프스테이크
와 계란찜 둘 다가 나왔다고 합시
다. 이때에도 모두들 더 좋아할 뿐
이지, 낮에 어머니가 하신 말씀이 정말
이 아니었다고는 생각하지
않습니다. 어머니의 약속은
비프스테이크니 계린찜 중 어느
하나만 해주면 충분히 지켜진
것입니다. 따라서 둘 다를
해 주면 약속은 지켜졌을 뿐

만 아니라, 가장 잘 지켜진 것입니다. 하지만 만약 저녁식사에 아무것도 나오지 않았을 때에는 낮에 어머니가 하신 말씀은 거짓이 됩니다.

따라서 '……또는 ……' 이라는 말로 연결된 두 개의 문장에서 표현된 것 중 적어도 어느 하나가 실제로 그대로이면 타당한(참) 것입니다. 물론 두 쪽

p	q	p∨q
O	O	O
X	O	O
O	X	O
X	X	X

p	q	p∨q
O	O	X
X	O	O
O	X	O
X	X	X

다 참이면 더할 나위 없이 좋고, 이 경우도 역시 참입니다. 그러나 어느 쪽도 참이 아니면 전체의 문장에서 말한 것은 거짓이 됩니다. 따라서 이 것을 앞의 경우와 같이 표로 나타내면 위의 왼쪽 표와 같이 됩니다.

단, 다음과 같이 "그는 죽었거나 살아 있다."라고 말할 때, '죽었다' 는 것과 '살아 있다' 는 것 두 경우가 모두 참일 수 없기 때문에 이럴 때에는 별도로 위의 오른쪽 표와 같이 정리할 수 있습니다.

물론 '또는' 이 앞의 의미로 쓰이고 있는지, 뒤의 의미로 쓰이고 있는 지가 확실치 않은 경우도 있습니다. 아버지가 은호에게 "야구글러브나 배트를 사 주겠다."고 약속하셨습니다. 은호는 글러브를 선물 받았지만 배트도 갖고 싶었기에 "아버지, 배트도 사 주세요. 글러브나 배트를 사 주겠다고 하셨으니까 둘 다 사 주셔도 괜찮잖아요."라고 말했습니다. 확 실히 은호의 말이 틀린 것은 아닙니다. 둘 다 사 주더라도 아버지는 거짓 말을 한 것이 아니기 때문입니다. 그러나 아버지의 입장에서 보면, 솔직 히 처음부터 주머니 사정이 그다지 좋지 않았기 때문에 '또는' 이라는 말

을 '둘 중 하나' 라는 의미로 썼습니다. 반대로 은호는 둘 다 선물 받으면
정말로 좋을 것 같아 '또는' 이라는 말을 '둘 다' 라는 의미로 썼습니다.
아버지가 조금만 더 신중하게 생각한 후 "글러브나 배트를 사 주겠다. 하
지만 둘 다는 아니야."라고 처음부터 선을 그었으면 좋았을 것입니다.

이면(⊃)

'……이면 ……' 라든지 '……라면 ……' 라는 말은 우리의 일상생활
에서 여러 가지 다른 의미로 쓰이고 있습니다.

① 비가 오면(온 후면) 땅이 굳는다.
② 장수를 쏘려면(쏘고자 한다면) 말을 쏘아라.
③ 무단으로 사용하면 처벌 받는다.

①은 '비가 온다' 는 것이 원인이 되어 '땅이 굳는다' 는 현상을 유발한
다는 것을 의미하고, ②는 장수를 쏘아 말에서 떨어뜨리기 위해서는 우
선 말을 쏜다는 것입니다. ③은 무단으로 사용하는 행위가 법률 등으로
정해진 것에 따라 처벌을 받는다는 것을 의미합니다.
이런 다양한 의미의 차이를 밝히는 일은 지금 여기에서 말씀드리고 있
는 형식논리학에서는 다루지 않습니다. 이러한 것은 언어의 의미론이라

든지 또는 비형식논리학이라고 부르는, 논리학의 좀 더 넓은 부문에서 연구될 것입니다. 이 점도 나중에 서술하겠지만 지금 여기에서는 우선 논리학의 기초에 대해 밀씀드리고 있기 때문에 넣어두겠습니다. 일반적으로 논리학에서 '이면'이라는 말은 단지 두 개의 문장을 연결하기만 하는 최소의 역할을 생각하여 그 연결 방식을 연구합니다.

이렇게 보면 '이면'이라는 말은 "실제로는 그것이 일어나고 있든 일어나고 있지 않든, 그것과는 상관없이 그렇다고 잠정적으로 생각해 보자(가정하자)면 ……다."라든지 "……의 조건이라면 ……다."와 같이 두 개의 문장을 연결하고 있음을 알 수 있습니다. "은호가 외출했다면 지호는 집에 있다."는 것은 '은호가 외출했다'는 것을 참이라고 가정하면, '지호가 집에 있다'는 것 또한 참이라는 것입니다. 이것은 '은호가 외출했다'는 것이 참이고, 게다가 '지호가 집에 있다'고 하는 것이 거짓은 아니라는 것을 나타내고 있습니다. 따라서 '은호가 외출했다'(p)는 것이 참이고 '지호가 집에 있다'(q)는 것이 참일 때에는 "은호가 외출했다면 지호는 집에 있다."는 참이지만, 은호가 외출했고(p) 지호가 집에 있지 않을(－q) 때에는 거짓이 됩니다.

그런데 만약 은호가 외출하지 않았을(－p) 때에는 어떻게 될까요? 대체로 "은호가 외출했으면 지호는 집에 있다."는 것은 '은호가 외출했다'고 하는 경우만을 가정한 것으로, 은호가 외출하지 않았을 때를 생각하지 않았기 때문에 그 경우에는 지호가 집에 있든(q) 집에 없든(－q) 말하고자 한 것에 반하지는 않습니다.

제가 여러분 중 누군가에게 "만약 복권 1,000만 원에 당첨된다면, 중고자동차를 사 주겠다."고 약속했다고 합시다. 실제로 1,000만 원에 당첨되고도 그 사람에게 중고자동차를 사 주지 않았다면, 저는 약속을 어긴 것이 됩니다. 그러나 실제로 1,000만 원에 당첨되지 않았을 때에는('1,000만 원에 당첨된다'는 것이 거짓일 경우) 그 사람에게 자동차를 사 주지 않더라도 약속을 어긴 것이 아닙니다.

따라서 'p이면 q'라는 것은 'p'가 참이고 'q'가 거짓일 때에는 그것 자체가 거짓이 되지만, 'p'가 참이고 'q'도 참일 경우는 참입니다. 또한 'p'가 거짓이면 'q'가 거짓이든 참이든 그것 자체는 참이라고 할 수 있습니다. 이것을 앞에서와 마찬가지로 표로 나타낸 것이 옆의 표입니다.

p	q	p ⊃ q
○	○	○
×	○	○
○	×	×
×	×	○

아니다(-)

마지막으로 '……아니다'라는 말은 두 개의 문장을 연결하는 것은 아니지만 '……'의 부분에 오는 문장의 의미를 바꾸는 역할을 합니다. "정원의 단풍이 붉다."(p)라는 것이 정말(참)이라면 "정원의 단풍이 붉지 않다."(-p)라는 것은 거짓말(거짓)이 됩니다. 그러나 반대로 "정원의 단풍이 붉다."라는 것이 거짓말이라면 "정원의 단풍이 붉지 않다."고 하는 것이 정말이 됩니다. 그리고 여러분이 자주 하는 "야! 저기 선생님이 오신다. 거짓말인데, 라는 것도 거짓말이야."와 같이 거짓말이라고 하는 것이 거짓말이라면 정말이 됩니다. "이 책은 누구 것이지?" "그건 내 게 아닌 게 아닌 게 아닌 게 아니지."라고 하면 "내 것이다."가 된다는 것도 알 수 있습니다. 따라서 이것은 아래의 표와 같이 나타낼 수 있다는 것을 곧바로 알 수 있습니다.

p	q	-p	
O		X	1
X		O	2
O		X	3
X		O	4

p	q	-q	
	O	X	1
	O	X	2
	X	O	3
	X	O	4

이로써 가장 중요한 '그리고' '또는' '이면' '아니다' 등의 말이 의미

하는 것을 알 수 있었습니다. 상당히 까다롭고 게다가 재미없다고 생각하겠지만 실은 이것이 기본이 되어 좀 더 재미있는 문제가 일어나는 것입니다. 지금부터 그것에 대해 설명하고자 합니다.

표의 사용법

지금까지 여러분에게 그다지 익숙하지 않은 표를 예로 많이 들었는데, 이것은 과연 무슨 의미일까요? 이것은 아래의 표에 있는 p와 q가 참인지 거짓인지를 알고, 게다가 '그리고' '또는' '이면' '아니다' 라는 말의 사용법이 정해져 있으면, '그리고' '또는' '이면' '아니다' 라는 말로 만든 문장이나 판단이 아무리 복잡하다 하더라도 그것이 참인지 거짓인지를 확실히 알 수 있음을 말하고 있습니다.

예를 들어, "은호가 외출했거나, 또는 은호가 외출하지 않고 지호가 집에 있다."와 같은 말은 어떠한 경우에 참이고, 어떠한 경우에 거짓이 될까요? 이것을 기호로 나타내면 $p \vee (-p \cdot q)$가 됩니다. 따라서 이것의 식을 만들어 보면 표의 오른쪽 난과 같이 됩니다.

p의 값은 왼쪽 난의 p와 마찬가지이기 때문에 그대로 p의 아래에 세로로 작게 씁시다(1). 다음으로 $(-p \cdot q)$라는 것이 한

	P	q	$p \vee (-p \cdot q)$
A	○	○	○ ○ × × ○
B	×	○	× ○ ○ ○ ○
C	○	×	○ ○ × × ×
D	×	×	× × ○ × ×

1 5 2 4 3

묶음으로 되어 있기 때문에 먼저 계산해 보면, −p는 왼쪽 가장자리에 있는 p의 값의 반대입니다. 그것을 ㄱ 아래에 작게 씁시다(2). q는 왼쪽 가장자리에 있는 q의 값과 같은 것을 아래에 씁니다(3). 묶음의 안쪽은 '그리고'로 연결되어 있기 때문에 '그리고'의 사용법에 따라 −p와 q 둘 다 ○일 때에만 ○이 됩니다. 이것이 (−p·q) 전체의 값이기 때문에 이것을 먼저 쓴 작은 표시 사이에 약간 크게 씁니다(4). 그리고 이 값과 처음의 p의 값이 '또는'으로 연결되어 있으므로 1과 4를 '또는'이라는 말의 사용법에 따라 연결하면 5와 같이 됩니다.

이것은 "은호가 외출했거나(p), 또는 은호가 외출하지 않고(−p) 지호가 집에 있다(q)."라는 것이 아래와 같음을 나타냅니다.

A의 경우, 은호가 외출했고 지호가 집에 있을 때에는 **참**

B의 경우, 은호가 외출하지 않았고 지호도 집에 있을 때에도 **참**

C의 경우, 은호가 외출했고 지호가 집에 있지 않을 때에도 **참**

D의 경우, 은호가 외출하지 않았고 지호도 집에 있지 않을 때에는 **거짓**

좀 번거롭기는 하지만 참고 스스로 납득이 가게끔 종이에 써 보시기 바랍니다. 색다르기만 할 뿐 실은 초등학교 6학년 수학보다도 간단합니다. 그리고 번거롭더라도 이렇게 해 가면, 아무리 복잡한 지식이더라도 그것이 옳은지 그른지, 어떠한 경우에 타당한지 등을 확실하게 알 수 있습니다.

A

P	q	$[(p \lor -p) \cdot \{p \supset (q \lor -q)\}] \supset (-p \supset q)$
○	○	○ ○ × ○ ○ ○ ○ ○ × ○ × ○ ○
×	○	× ○ ○ ○ × ○ ○ ○ × ○ ○ ○ ○
○	×	○ ○ × ○ ○ ○ × ○ ○ ○ × ○ ×
×	×	× ○ ○ ○ × ○ × ○ ○ × ○ × ×

1 3 2 9 4 8 5 7 6 13 10 12 11

B

P	q	$[(p \lor -p) \cdot \{p \supset (q \lor -q)\}] \supset (-p \lor -q \lor p)$
○	○	○ ○ × × × ○ ○
×	○	○ ○ ○ ○ × ○ ×
○	×	○ ○ × ○ ○ ○ ○
×	×	○ ○ ○ ○ ○ ○ ×

1   7 2 4 3 6 5

앞에 든 세 가지의 예(75~77페이지의 A, B, C)를 표를 보아가며 실제로 해 봅시다. A의 경우, 우선 표에서 세로 1의 열을 정하고 이어서 2의 열을 정합니다. 그리고 1과 2로부터 (p∨-p)의 값인 3을 정합니다. 이렇게 하여 다음에는 4를 정하고, 이어서 5와 6을 정하고, 5와 6으로부터 7을 정하고, 7과 4로 8을 정합니다. 8과 3으로 9를 정하면 이것이 처음의 〔 〕부분 전체의 값이 됩니다. 마찬가지로 ⊃ 다음의 부분을 계산해 가고,

마지막으로 그의 아래 부분 13에 쓰인 표시가 전체의 참 또는 거짓의 값이 됩니다. 여기에서는 두 개만을 표로 나타냈지만, 나머지 하나는 스스로 해 보고 그 값을 정해 보시기 바랍니다.

마찬가지로 기본이 되는 판단이 p와 q 두 개만이 아니라 p, q, r과 같이 세 가지 종류의 판단일 경우에는 ○, ×의 조합 수가 배로 늘어납니다.

P	q	r
○	○	○
×	○	○
○	×	○
×	×	○
○	○	×
×	○	×
○	×	×
×	×	×

데카르트의 방법

여러분은 프랑스의 철학자인 데카르트에 대해 들어 본 적이 있습니까? 이 사람은 근세의 위대한 철학자 중 한 사람으로 다음과 같은 말을 했습니다.

"인생에서 우리가 부딪히는 여러 문제는 아주 복잡하기 때문에 그것을 단지 있는 그대로 바라보고 해결하는 것은 어렵다. 그렇기 때문에 복잡한 것 속에서 가장 단순하고 누구나 확실하게 정말이라고 수긍할 수 있는 뭔가를 분별해 내어, 이것으로부터 어떠한 관계로 인해 복잡한 것이 만들어졌는가를 아는 것이 중요하다. 그래서 우리가 복잡하고 쉽게 판별이 서지 않는 문제 속에서 가장 확실한 것을 찾아내어 이것으로부터 점점 복잡한 것을 구성하고 기본이 되는 것으로 돌아간다면, 처음에는 막연해서 잘 알 수 없었던 것도 확실히 알 수 있다."

여러분의 집에 있는 라디오는 여러분에게 아주 복잡한 기계일 것입니다. 그것은 이미 만들어진 것으로 주방의 선반 위에서 아름다운 음악을 내보내고 있습니다. 그러나 이 복잡한 기계가 어떻게 구성되어 있는가는 완성된 라디오를 아무리 뚫어지게 바라보더라도 알 수 없습니다.

이 복잡한 기계를 알기 위해서는 기계를 분해해야 합니다. 그런 다음에 어느 부분이 진공관이고 어느 부분이 트랜스인가 등을 확인하고, 진공관이나 트랜스가 어떠한 역할을 하는지 그것으로부터 진공관이 어디로 이어져 어디로 통하는지 등을 안다면, 여러분은 라디오라는 기계를

92

전과는 달리 확실히 알 수 있습니다.

우리의 모든 지식은 이와 같이 가장 알기 쉽고 확실한 것에서 출발하여 점점 복잡한 것으로 나아갈 때, 비로소 바르고 정확하게 알 수 있습니다.

지식이나 학문의 목적

우리가 다양한 지식을 익히고 학문을 하는 것은 사물에 대해, 그리고 우리의 앞일에 대해서도 가능한 한 정확하고 확실하게 사유하기 위해서입니다. 부정확한 사고나 조리 없는 지식을 쌓기 위해 학문을 한다는 건 있을 수 없습니다. 지금 우리가 모든 것에 대해 정확하고, 실제로 확실한 지식을 갖고 있다고 생각하는 것은 큰 오산입니다. 이와 같이 단정적으로 선을 긋고 무엇을 생각하는 것은 도리어 우리의 지식을 무디게 하고 맙니다. 그러나 반대로 정확하고 확실하게 알고자 하는 노력을 저버리면, 인간의 지식은 어디까지나 아기와 같은 상태에서 멈추고 말 것입니다.

논리를 이용하더라도 정확하고 확실하게 아는 것이 불가능한, 오묘하고도 좀 더 고차원적인 지혜가 만약 있다고 하더라도 처음부터 무엇을 정확하게 생각하는 일을 그만두어서는 안 된다고 생각합니다.

라이프니츠나 러셀의 경우

앞에서 말씀드린 데카르트의 사유 체계는 라이프니츠라는, 또 다른 위대한 철학자에 의해 계승되었습니다.

우리의 복잡한 지식이 가장 단순하고도 확실한 것으로부터 어떠한 규칙과 질서로 구성되었는지를 알 수 있다면, 이런저런 일로 갈팡질팡하는 일은 없을 것입니다. 또한 국가나 인종에 따라 언어가 다르더라도 올바른 언어 사용의 체계는 모든 인간에게 공통입니다. 이러한 체계를 확실히 파악하여 모든 사람이 이 올바른 체계에 따라 말을 한다면, 비록 말하는 언어가 제각기 다르더라도 사람과 사람, 국가와 국가가 진정 올바르게 서로를 알 수도 있습니다.

라이프니츠는 이렇게 생각하고는 데카르트의 생각을 좀 더 확장시켜 올바른 언어 체계, 사유 체계의 규칙을 만들고자 시도했습니다. 그는 이것을 보편학(전 세계의 모든 사람에게 통용되는, 지식의 다양한 결합 방식이라는 의미)이라고 부르기도 하고, 국가나 인종에 따라 다른 언어 속에 숨어 있는 인류 공통의 사고 언어라는 의미로 '아담의 언어'라고도 불렀습니다.

그의 이러한 시도는 결국 완성을 보지 못한 채 끝이 났습니다. 그리고 그의 뒤를 이은 철학자들은 소수의 예를 제외하고는 거의 이러한 시도를 저버렸습니다.

그러나 19세기 중엽부터 몇몇의 수학자와 철학자들이 또다시 이러한 시도를 다른 측면에서 다루었습니다. 영국의 불, 독일의 프레게, 오스트리아에서 태어나서 영국에서 활약한 비트겐슈타인 등에 의해 확실한 틀이 만들졌습니다. 이러한 시도를 가장 굉범위하세 정리히여 확실한 틀을 제공한 사람은 앞에서도 말씀드린 영국의 러셀과 화이트헤드였습니다. 물론, 이것도 결코 완전한 것은 아니기 때문에 여전히 수많은 수학자와 논리학자들이 좀 더 새로운 문제를 발견하기도 하고, 좀 더 나은 틀을 제공하기 위해 노력하고 있습니다.

표 하나를 더 보기로 합시다. 다음 페이지의 표를 통해 알 수 있는 것은 1에서 8까지 형태의 지식과 9와 10 또는 11 형태의 지식의 차이입니다. 1에서 8까지의 판단의 값은 각각 기본이 되는 판단 p와 q의 조합이(A에서 D까지) 다름에 따라 ○이 되기도 하고 ×가 되기도 합니다. 그러나 9와 10은 A, B, C, D의 경우, 전부 ○을 이루고 있고 11은 전부 ×를 이루고 있습니다.

	P	q	1 −p	2 −q	3 p·−q	4 −(p·−q)	5 −p∨q	6 p⊃q	7 −q⊃−p	8 q⊃p	9 p∨−p	10 {p·(p⊃q)}⊃q	11 p·−p
A	O	O	×	×	×	O	O	O	O	O	O	O	×
B	×	O	O	×	×	O	O	O	O	×	O	O	×
C	O	×	×	O	O	×	×	×	×	O	O	O	×
D	×	×	O	O	×	O	O	O	O	O	O	O	×

기본이 되는
2개의
다른 문장의
값

기본이 되는 문장 P와 q의 판단의 값이 바뀌면,
그것 자체의 값도 바뀌는 표현 방식

언제나, 어디서나, 무엇에
대해서도 참인 표현 방식

언제나,
어디서나,
무엇에
대해서도
거짓인
표현 방식

너무나 당연한 일

이것은 9나 10과 같은 형태의 판단은 그것을 구성하고 있는 기본이 되는 판단 p나 q의 값과는 상관없이 어떠한 경우에도 타당하다는 것을 의미합니다.

은호가 친구인 명수에게 "내일은 일요일이라 영화를 보러 가거나 가지 않거나 둘 중 하나야."라고 말했습니다. 명수는 아마 "그야 당연하지. '내일은 비가 오거나 오지 않거나 둘 중 하나다' 라는 것과 똑같은 거니까."라고 말하며 웃을 것입니다. 왜냐하면 이러한 표현은 언제, 어떠한 상황에서, 다른 어떤 것에 대해 말하더라도 확실히 타당한 진리이기 때문입니다.

분명히 내일의 일에 대해 은호와 같이 표현하는 것은 이상한 일입니다. 그러나 처음부터 진리라는 것은 너무나 당연한 표현이며 사유 체계입니다. 다만, 복잡한 경우에는 우리가 그것이 너무나 당연한 표현인지 사유 체계인지를 알지 못할 따름입니다. 앞에서도 약간 언급했듯이, 좁은 의미의 논리는 언제 어디서나 무엇에 대해서도 참인 표현과 사유 체계를 발견하기도 하고, 새롭게 만들기도 하는 방법을 생각하는 것이라고 해도 과언이 아닙니다. 예를 들면, 10과 같은 형태의 표현은 추리라고 하는데, 이것은 "만약 p이면 q다. 그런데 실제로 지금 p다. 따라서 반드시 q가 아니면 안 된다."와 같은 일반적인 언어 표현의 양식입니다.

　　은호는 이웃에 사는 장난꾸러기 꼬마를 붙들고 "꼬마야, 너, 내 방에 들어갔지?"라고 물었습니다. 꼬마는 "아니, 안 들어갔어."라고 대답했습니다. 그래서 은호는 조그마한 발자국이 나 있는 자신의 방으로 꼬마를 데리고 가 조사해 보았습니다. 은호는 발자국이 꼬마의 발과 딱 맞는 것을 발견했습니다. '꼬마의 발자국이 방에 있다(p). 그렇다면 꼬마는 분명히 방에 들어갔을 것이다(q). 그런데 꼬마의 발자국이 방에 있다(p). 따라서 꼬마는 분명히 방에 들어간 거야(q).'라는 생각이 은호의 머릿속에 순간적으로 떠올랐습니다. 이리하여 소년탐정 은호는 마침내 귀여운 범

인인 꼬마를 추리로 찾아냈습니다.

그러나 넓은 의미에서 일반적으로 논리라고 할 때에는 1부터 8에 해당하는 부분도 포함합니다. 그것은 어떤 지식이 어떠한 경우에 올바른지 잘못되었는지를 아는 확실한 규칙을 발견해 내는 일입니다.

하나의 일에 대한 서로 다른 표현

이 중에서 4, 5, 6, 7은 그 값이 모두 똑같습니다. 왜냐하면 4, 5, 6, 7은 참과 거짓에 대해서 같은 의미의 것을 말하고 있기 때문입니다. 따라서 'p이면 q'는 'p가 아니거나, 또는 q이다' 'p이면서, 그리고 q가 아니라는 것은 아니다'와 같습니다. 이 경우 '참, 거짓에 대해서는 동일한 값을 갖는다. 또한 대등하다.'를 $\equiv$라는 기호로 나타내어 $p \supset q \equiv -(p \cdot -q)$라든지 $-(p \cdot -q) \equiv -p \vee q$ 와 같은 식으로 씁니다.

'p이면 q'와 'p가 아니거나, 또는 q'라든지 'p이면서, 그리고 q가 아니라는 것은 아니다'라는 것은, 말의 표현이나 사유 체계는 다르더라도 말하고 있는 것이나 생각하고 있는 것의 타당성은 동일함을 의미합니다. 다음과 같은 예를 생각해 봅시다.

예를 들면, 어느 만灣의 입구에 섬이 있다고 생각해 봅시다. 이 섬을 기반으로 철도가 연결되어 있습니다. 다리는 만 안에 있는 배가 드나들 수 있도록 양쪽 모두 올라가기도 하고 내려가기도 할 수 있게 되어 있습니다.

다리가 내려가 있어서 기차가 지나갈 수 있는 경우를 각각 A와 B로 나타내기로 합니다. 그리고 다리가 올라가 열차가 지나갈 수 없을 때에는 −A 및 −B로 나타냅니다.

이렇게 하면, 열차가 지나갈 수 있는 것은 다리 A와 다리 B가 함께 내려가 있을 때뿐입니다('A 그리고 B'의 경우). A가 내려가고 B가 올라가 있어도('A 그리고 −B'의 경우), A가 올라가 있고 B가 내려가 있을 때도('−A 그리고 B'의 경우) 지나갈 수 없습니다. 또한 양쪽 다 올라가 있을 때도('−A 그리고 −B'의 경우) 지나갈 수 없습니다.

그런데 배가 만 밖으로 나갈 수 있는 것은 다리가 양쪽 모두 올라가 있거나, A와 B의 어느 한 쪽이 올라가 있을 때입니다. 양쪽 모두 내려가 있을 때('A 그리고 B'의 경우)는 지나갈 수 없습니다. 따라서 배가 지나갈 수 있는 경우는 다음과 같이 나타낼 수 있습니다.

$$-A \lor -B$$

마찬가지로 기차가 지나갈 수 있는 경우는 다음과 같이 나타낼 수 있습니다.

$$A \cdot B$$

그리고 배가 지나갈 수 있을 때는 기차가 지나갈 수 없고, 기차가 지나갈 수 있을 때는 배가 지나갈 수 없습니다. 다른 말로 하면 '기차가 지나 갈 수 있다'의 반대의 경우('아니다'의 기호를 붙여 나타냄)와 '배가 지나갈 수 있다'의 경우가 동일한 것이기 때문에 다음과 같이 됩니다.

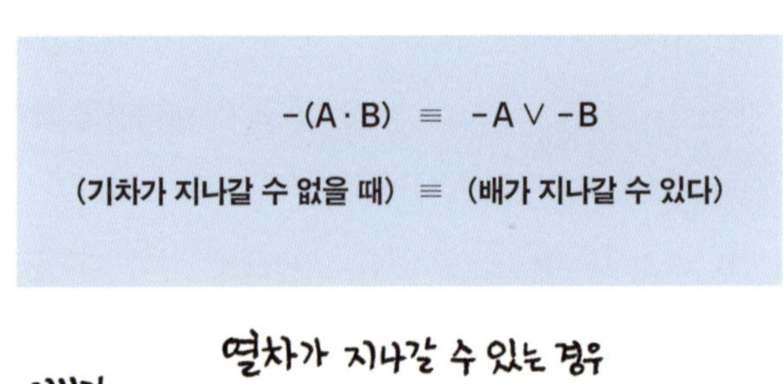

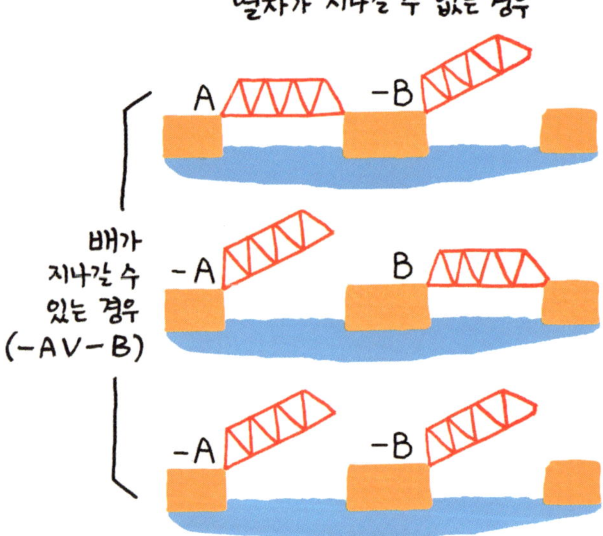

이것은 96페이지의 표에서 4와 5의 관계와 동일합니다. 단지, '아니다'의 부호 위치가 바뀌어 있을 뿐입니다. 이것은 영국의 드모르간이라는 논리학자가 발견한 법칙입니다. 위의 예에서는 두 다리의 동일한 상태를 각각 기차의 교통과 배의 교통에서 생각한 것이라고 할 수 있습니다. 말하자면 A와 B라는 두 점을 하나의 선 위에 있다고 볼 것인가, 또는 이 선과 교차한 두 개의 갈라진 선상에 제각기 있다고 볼 것인가의 차이입니다. 그 보는 방법에 따라 서로 다른 사유 체계를 이루고 있지만, 어느 쪽이든 다리의 오르내림의 동일한 상태를 가리켜 말하고 있습니다.

실제로 도움이 되는 추상

지금 말씀드린 예는 가장 알기 쉬운 예입니다. 그 밖의 어떠한 논리식이 언제 어디에서나 참이라면, 어떤 일상생활 속에서도 작용할 수 있습니다. 여러분은 이러한 것이 논리학자가 책 속에서만 생각한 따분하고 하찮은 놀이가 결코 아니라는 것을 알 수 있습니다.

논리학이나 수학 등과 같은 학문은 실제로 보거나 만질 수 없는 것을 다루고 있다는 점에서 흔히 추상적이라고 생각되어 실제 생활로부터 동떨어진, 책이나 학문에만 한정된 것으로 여겨지고 있습니다. 수학으로 나타내기도 하고, p라든지 q라는 기호로 나타내면 확실히 실제의 생활로부터 동떨어져 있는 것처럼 보입니다. 그러나 잘 생각해 보면, 실제로는 오히려 현실의 다양한 지식을 익히는 데 도움이 됩니다. 이것은 뒤에서 말씀드릴 다른 의미에서의 추상적인 사유 체계와 다른 부분입니다. 확고 부동한 숫자를 쓰는 일과 의미가 확실치 않은 일상의 말을 쓰는 일은 다릅니다.

4

논리적 사고와 적절한 언어의 사용

지금까지 우리는 단순한 지식으로 구성된 복잡한 지식이라 하더라도 확실하고 정확하게 아는 방법이 있다는 것을 배웠습니다. 단순한 지식이란, 주어로 표현된 어떤 것에 대하여 그것이 어떠한 성질을 갖고 있는가, 어떠한 동작을 하고 있는가 등을 말합니다. 이와 함께 판단 또는 명제라는 것도 말씀드렸습니다.

말의 의미와 복잡함

이 시점에서 기억력이 좋은 여러분은 이상하다고 생각할지도 모르겠습니다. 왜냐하면 저는 2장 '말과 사물 사이에는 질서가 있다'에서 판단 속에서 쓰이는 단순한 말, 예를 들어 '찾는다'는 말의 의미는 결코 단순한 것이 아니라고 했습니다. 지호가 서랍을 열거나 벽장 속을 들여다보면서 고개를 갸웃거리는 일련의 동작과 지호가 맨 마지막으로 책상 서랍

안쪽에서 발견한 과자를 손에 들고 빙긋이 웃는 상황을 연관 지어 생각해 보면, 여러분은 '아, 지호가 먹다 만 과자를 찾고 있었구나' 라고 알 수 있습니다. 또는 아직 과자를 찾지 못하고 있다 하더라도 그때까지의 동작으로 보아 틀림없이 뭔가를 손에 넣으려고 한다는 것을 최종적으로 상상할 수 있습니다. 이것은 상당히 복잡한 인지 방법입니다.

풍속이나 습관이 서로 다를 경우, 사람들의 동작이 도무지 무엇을 의미하는지 모를 수도 있습니다. 예를 들면, 한국 여성이 물가에서 방망이로 옷을 두드리고 있는 것을 처음 본 사람이 즉시 그 행동과 '빨래한다'는 말을 연관 짓기는 어려울지도 모릅니다. 이것을 곧바로 알기 위해서

는 경험이 필요하기 때문입니다. 벌이나 개미의 동작이 무엇을 의미하는 지 알기 위해서는 곤충학사 파브르 아저씨와 같은 기나긴 관찰이 필요합니다.

'빨래한다' 는 말조차 이렇게 복잡한 의미가 있다면 '엄마가 빨래하고 있다' 와 같은 판단은 좀 더 복잡할 것입니다. 그렇다면 제가 앞에서 '단풍이 붉다' 라든지 '개가 달리고 있다' 와 같은 판단을 단순하다고 한 것은 왜일까요?

단순한 지식이란 무엇인가

그것은 이러한 판단 속에서 실제로 쓰이는 말의 의미가 단순하다는 뜻은 아닙니다. 이는 바로 이러한 표현 방법이나 사고 체계, 즉 주어를 이루는 말로써 앞으로 그것에 대해 말할 제재를 나타내고, 술어로써 그것의 성질이나 상태 등에 대해 말한다고 하는 형태가 실은 인간이 사물에 대해 표현하는 방법이나 생각하는 방법 중에서 가장 단순하고, 게다가 근본을 이룬다는 의미입니다.

그 증거로 우리는 어떤 말의 의미를 거듭 설명할 때에도 문장의 형태로 설명하지 않으면 안 됩니다. '도토리' 라는 말의 의미를 설명해야 할 때, '도토리는 떡갈나무의 열매다' 든지 '도토리는 묵을 해서 먹을 수 있다' 든지, 그 외의 여러 문장을 이용하지 않으면 안 됩니다. 이러한 문장은 판단이나 명제라고 불리는 것의 상위 형태입니다.

정보로서의 말과 사상

원래 우리의 언어는 다른 사람에게 무언가를 전달하기 위해 생겨난 것으로, 우리의 사유 체계도 이에 따라 다른 사람에게 전달할 수 있는 형태로 이루어져 있습니다. 따라서 다른 사람이 이해할 수 있는 말로 표현할 수 없는 사상이란 것이 있다면, 그것은 또한 알 수 없는 사상이기도 합니다. 말하자면, 그러한 생각은 다른 사람에게 통용되는 말의 다양한 사용법에 따라 정리되어 있지 않은, 이른바 떠오르는 예감은 있지만 아직 일어나지 않은 생각입니다.

그런데 전달하고자 하는 어떤 내용(정보)이 온전히 그 사람에게 전달되기 위해서 이것만은 결코 없어서는 안 된다고 하는 한계가 있기 때문에 그 이하가 되면 정보가 다른 사람에게 전달되지 않게 됩니다. 예를 들어, 제가 여러분에게 "나폴레옹은"이라고만 하고 그 뒤 아무 말도 하지 않았다면, 여러분은 제가 지금부터 나폴레옹에 대해 뭔가 말하려고 한다는 것은 알 수 있지만 나폴레옹에 대해 구체적으로 무엇을 말하려고 하는지는 알 수 없습니다. 여러분은 완전한 정보를 듣기 위해 저의 다음 말을 기다릴 것입니다. 만약 제가 이어서 아무 말도 하지 않는다면, 저는 여러분에게 하나의 정보를 완벽하게 전달하지 않은 것이 되며, 여러분은 저로부터 정보를 얻지 못한 것이 됩니다.

또한 전쟁 중에 적의 동정을 살피고 온 병사가 상관 앞에서 "석은"이 린 말만 남기고 오던 길에 입은 상처 때문에 죽어 버렸디고 한다면, 상관 은 아무런 정보도 얻지 못합니다. '적은 계속 퇴각하고 있다'든지 '적은 우리 후방으로 이동하고 있다' 등과 같은 문장의 형태로 표현되었을 때 비로소 하나의 정보가 됩니다. '적은 계속 퇴각하고 있다. 그리고 아군이 공격하면 적은 전차로 저지하거나 또는 비행기로 아군을 폭격할 것이다' 와 같은 정보는 하나하나의 다른 정보가 조합되어 만들어진, 좀 더 복잡 한 정보라고 생각할 수 있습니다.

이러한 의미에서 '단풍이 붉다'든지 '개가 달린다'와 같은 하나의 문 장으로 나타낸 판단 또는 명제를 우리가 지닌 가장 단순한 지식이라고 부른 것입니다. '지식'이라고 부르는 것이 무엇인가 복잡한 것을 연상하 게 한다면, '가장 단순한 표현 방법'이라든지 '사고 방법'이라고 하는 쪽 이 나을지도 모르겠습니다. 하나의 문장으로 나타낸 판단이나 명제는 간 단해 보입니다. 그러나 이것 이상으로 세세하게 나누어 버리면 하나의 정보가 되지 않기 때문에 그런 의미에서 가장 중요한 최초의 출발점이라 고도 할 수 있습니다.

말을 대신하는 것

이쯤에서 머리가 좋은 여러분은 "그런데 하나의 단어만으로 충분히 정보를 알 수 있는 경우가 많지 않은가. '100원'이라는 표지만으로 그 물건이 100원이라는 것을 알 수 있고, 어떤 가게에 '우동'이라는 말이 쓰여 있는 간판이 걸려 있으면, 그것만으로도 그 가게의 성격을 알 수 있지 않은가. '불이야!' 하고 소리치면 그것만으로 충분하지 않을까."라고 생각할 것입니다. 지극히 당연한 말이지만, '100원'이라고 쓰인 표지를 뭔가에 붙인다든지 옆에 둔다고 할 때 그 표지는, '이것은'이라든지 '여기에 있는 것은'이라는 주어를 대신합니다. '우동'이라는 간판은 그것이 걸려

있는 곳에 우동이 '있다' 는 것을 나타내고 있기 때문에 일정한 장소에 내거는 것이 '여기에 있다' 고 하는 술어의 역할을 합니다. 만약 은호가 철물점의 물통에 붙어 있는 '100원' 이라는 표지를 집아떼어 앞서 가고 있는 어머니의 등 뒤에 몰래 붙인다면 큰일입니다. 왜냐하면 어머니가 100원이 되고 말기 때문입니다. 또한 '우동' 이라는 간판을 몰래 떼어 내어 옆집의 서점에 내걸어도 어처구니없는 일이 됩니다. "불이야!"라는 외침도 창밖을 가리키면서 놀라고 긴장한 듯한 표정으로 소리를 질렀을 경우에만 '저기에 불이 났다' 라고 하는 문장 형태의 정보가 됩니다. 하품을 해 가면서 느긋한 목소리로 "불이야!"라고 해서는 무슨 영문인지 타인에게 잘 전달할 수 없습니다.

지금 든 이러한 예는 완전한 문장의 형태가 아니라 하나의 말과 형식으로 표현되어 있지만 글자로 써서 어디에 붙인다거나, 또는 말할 때의 얼굴 표정이나 몸동작 등이 문장의 주어나 술어의 역할을 하고 있기 때문에 역시 하나의 판단 또는 명제로 보아도 좋습니다.

참과 거짓을 구분하는 단위

지금 말한 것과 관련해서 또 하나 중요한 것이 있습니다. 그것은 정보의 가장 단순한 단위(이것 이상으로 세밀하게 나눌 수 없는 하나의 귀결)인 하나의 문장 형태로 나타낸 판단이나 명제라는 것이 참과 거짓을 구분할 때 가장 단순한 단위라는 것입니다. '단풍이 붉다' 는 문장이나 판단은 참(정말)이라든지 거짓(거짓말)이라고 할 수 있지만, 하나하나의 말인 '단풍'이나 '붉음'에 대해 '단풍은 참(또는 거짓)이다' 든지 '붉음은 참(또는 거짓)이다' 와 같이 말해서는 무슨 뜻인지 알 수 없습니다.

이렇게 말하면, 여러분 중에서 아마 이렇게 말하는 사람도 있을 것입니다. "우리는 '이것은 진짜 다이아몬드다' 라든지 '이것은 고무로 만든 가짜 쥐다' 라고 하잖아요."

분명히 좋은 점을 지적하였습니다. 그러나 '참' '정말' '거짓' '거짓말' 등과 같은 말은 조금씩은 다른 여러 의미로 쓰이고 있기 때문에 결코 확연한 하나만의 의미를 가지고 있다고 할 수 없습니다.

'진짜 다이아몬드' 나 '가짜 쥐' 와 같이 '진짜' 나 '가짜' 를 다른 말에 덧붙여 말할 때, 이들은 '진짜의' 라든지 '가짜의' 라는 의미입니다. 그리고 '이것이 다이아몬드라는 것은 맞다' 는 판단이 가능할 때만 '진짜 다이아몬드' 라는 말을 쓰고, '이것이 쥐라는 것은 거짓말이다' 는 것이 가능할 때만 '가짜 쥐' 라는 말을 씁니다.

하지만 예를 들어 여러분이 "박지성이야말로 진정한(참된) 축구선수다."라고 말할 때에는 조금 전의 경우와 다릅니다. 이것은 '박지성이 축구선수라는 것은 맞다' 라는 것과 같은 것이 아니라 '박지성은 가장 훌륭한(좋은) 축구선수다' 라는 것으로, 앞의 의미와는 약간 다릅니다. 따라서 여러분 중에는 "나는 그렇게 생각하지 않는다. 이천수야말로 진정한(참된) 축구선수다."라고 반대하는 사람이 있을지도 모릅니다. 이러한 '진정한'이라든지 '참된'이라는 의미는 '2+5=7은 참이다'라든지, 실제로 비가 내리고 있을 때 '비가 내리고 있다'라는 말이 참일 경우와 같은 말을 쓰고 있더라도 의미는 다릅니다.

여러분의 마음속에 일고 있을지 모를 의문에 대해 설명하다 보니, 이야기가 길어지고 말았습니다. 하지만 판단이나 명제, 또는 이들이 말의 형태로 나타나 있는 문장의 성질을 잘 알아 두는 것은 이 책에서 가장 중요한 기본입니다.

판단의 내부 구조

앞에서 하나의 문장이나 판단을 기호인 p로, 다른 하나의 문장이나 판단을 q로 나타냄으로써 둘 이상의 문장이나 판단이 결합된 복잡한 문장이나 판단의 참 또는 거짓을 결정하는 방식에 대해 말씀을 드렸습니다.

물론 이것은 하나의 방식으로 그 외에도 다양한 방식이 있습니다. 예를 들면, 앞에서 설명한 표에서 언제나, 어디서나, 어떤 것에 대해서도 참인 $p \lor {-}p$와 같은 비교적 단순한 식 몇 가지를 골라, 이것에 다양한 규칙을 적용시켜 가면서 복잡한 식의 참 또는 거짓을 정한다고 하는, 그야말로 기하를 증명할 때에 행하는 방식도 있습니다.

아무튼 지금까지는 하나의 문장이나 판단 속의 주어와 술어를 구별하지 않고, 하나의 문장이나 판단을 p라든지 q라는 기호로 나타내 왔습니다. 다시 말하면, 하나의 문장이나 판단은 하나의 벽돌과 같은 것으로, 우리는 이들 하나하나의 벽돌로 만들어진 건물 전체를 문제로 삼았던 것과 같습니다.

따라서 이번에는 좀 더 작은 부분에 시선을 돌려 하나하나의 벽돌인 문장 또는 판단의 내부 구조에 주의해 봅시다. 지금까지 망원경을 통해 먼 곳에 있는 것을 크게 보려고 했던 것을, 이번에는 현미경을 통해 작은 세계를 들여다봅시다. 그렇게 하면 지금까지 그저 하나로만 보았던 문장이나 판단 속의 주어나 술어가 구별되기도 하고, 또한 주어와 술어가 문장에 따라 다양한 결합 방식을 이루고 있음을 알게 될 것입니다. 그리고 어떠한 문장 또는 판단으로부터 이른바 저절로 타당하게 도출되는(추론되는) 문장 또는 판단이 있음을 알 수 있습니다.

하나의 판단과 또 다른 판단과의 관계

예를 들어 생각해 봅시다.

'모든 까마귀는 검다' (A)라는 하나의 판단이 있다고 합시다. 이에 대해 '모든 까마귀는 검지 않다' (E), '어떤 까마귀는 검지 않다' (O), '어떤 까마귀는 검다' (I)라는 세 개의 판단을 생각해 봅시다. 만약 A의 '모든 까마귀는 검다' 라는 것이 참이라고 한다면, 그때 E, O, I는 참일까요? 거짓일까요? 이 경우에는 간단하게 I는 참이고, E와 O는 거짓이라는 것을 알 수 있

을지도 모릅니다. 그렇다면 A가 거
짓인 경우에는 어떨까요?

또는 '은호는 지호보다도 키가
크고, 지호는 슬기보다도 키가 크
다'(B)라고 한다면, '슬기는 은호보
다도 키가 크다'(C), '슬기와 지호
는 키가 같다'(D), '은호는 슬기보
다도 키가 크다'(F) 가운데 어느 문장이 참일까요?

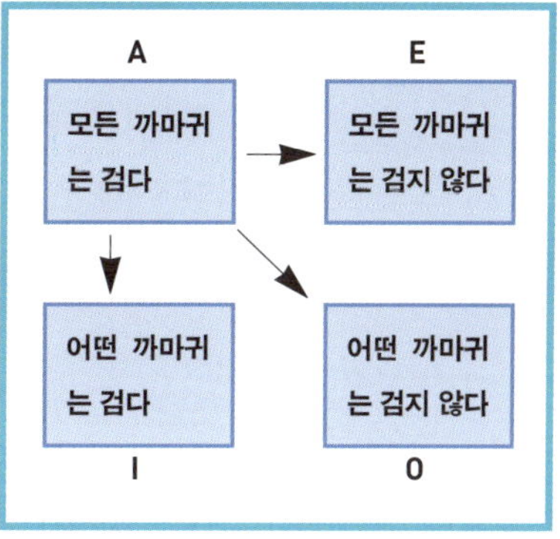

두 번째 예는 여러분이 바로 이해할 수 있습니다. '……보다 크다'와
같은 술어는 어떠한 것과 또 다른 것과의 관계를 나타내는 것으로, 누구
든 쉽게 알 수 있기 때문입니다. 그러나 "동쪽을 향해 가다가 오른쪽으로
돌고, 이어서 왼쪽으로 돌고, 다시 오른쪽으로 돌아, 다시 한번 오른쪽으
로 돌고, 이번에는 왼쪽으로 돌아, 다음으로 오른쪽으로 돌고, 다시 오른
쪽으로 돌아, 왼쪽으로 돌아, 다시 한번 왼쪽으로 돈다."라는 소리를 들
었을 때, '나는 남인지 북인지 서인지 동인지, 도대체 어느 쪽을 향하고
있는가'는 곧바로 알 수 없습니다. 복잡한 것 같지만 천천히 생각해 보
면, 오른쪽이라든지 왼쪽이라든지 동서남북과 같은 것은 확실히 파악할
수 있는 관계이기 때문에 그다지 어려운 일은 아닙니다. 그러나 좀 더 복
잡한 관계를 나타내는 말(술어)이 쓰인 하나의 문장과 또 다른 문장 사이
의 관계를 분명한 규칙에 따라 정하는 것은 보통 힘든 일이 아닙니다.

따라서 최초의 예, 즉 '모든'이나 '어떤' 같은 말이 쓰이고 있고, 게다가 비교적 단순한 술어(사물의 관계를 나타내고 있는 것이 아니라, 사물의 성질이나 상태를 나타내고 있는 말)로 구성된 판단의 경우에 대해 살펴보겠습니다. '모든'이나 '어떤'과 같은 말은 우리가 일상적으로 자주 쓰면서도 그만큼 자주 틀리고 있습니다.

'모든'과 '어떤'

3장 '사물을 올바르게 인식하기 위한 논리'에서 사물의 이름을 나타내는 말에는 단계적인 조직이 있음을 말씀드렸습니다. 그리고 그것을 문장의 주어와 술어에 적용시켜 보면, 대체로 주어가 가리키는 사물의 범위는 술어가 가리키는 사물의 범위보다 좁다는 것, 다시 말해서 주어의 범위는 술어의 범위 속에 포함되어 있다는 것도 말씀드렸습니다.

이것을 다시 한번 상기해 주시기 바랍니다. 예를 들면, '한국인은 동양인이다'라는 판단에서 주어인 한국인은 전부 동양인에 포함되고, 동양인은 한국인 외에 다양한 인종을 포함하고 있기 때문에 그림 A와 같이 됩니다.

정말인지 아닌지는 알 수 없지만, 흔히 외국인은 한국인을 가리켜 '한국인은 근면하다'고 합니다. 이 말은 A와 같은 경우가 아니라, B의 경우에 해당됩니다. 왜냐하면 한국인 모두가 근면한 것이 아니라 한국인일지라도 게으른 사람이 있기 때문에, 한국인 중에서도 일부만이 근면한 사

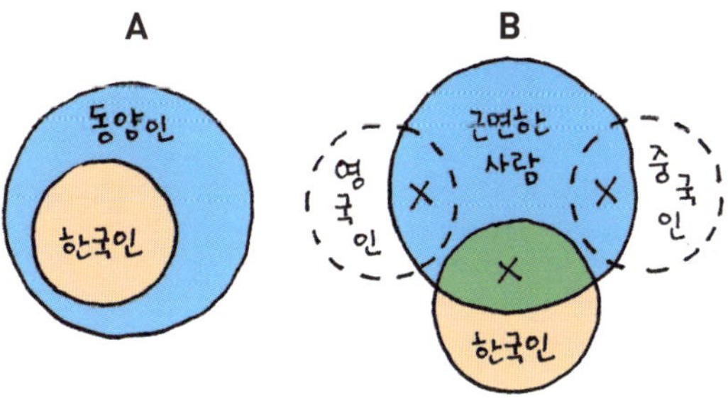

람의 범위에 들어갑니다. 그리고 마찬가지로 적어도 한국인 이외에 다른 나라의 어떤 사람들이 근면한 사람의 범위에 들어 있을 것입니다.

A와 B의 경우를 분명히 하기 위하여 우리는 일반적으로 A의 경우에는 '모든 한국인은 동양인이다' 라고 하고, B의 경우에는 '어떤 한국인은 근면하다' 와 같이 말합니다.

'모든' 과 '어떤' 에 대한 다양한 사고

그런데 '모든' 과 '어떤' 이라는 말은 어떠한 성질을 나타내고 있을까요? 둘 다 우리가 너무나 당연하게 쓰는 용어지만, 실은 아직 확실하게 해결되지 않은 정말로 어려운 문제입니다. 흔히 사람들은 '모든' 과 '어떤' 이라는 말이 '전체' 와 '부분' 을 나타낸다고 생각하는데, 실제로는 좀 더 다양한 의미의 차이가 있습니다.

앞에서 말씀드린 예, '모든 까마귀는 검다' 는 것이 참이라면 반드시

'어떤 까마귀는 검다'는 것도 참이 되지 않으면 안 된다고 생각할 수 있습니다. 이때 우리는 '까마귀가 전부 검다면, 그 일부는 당연히 검지 않으면 안 된다'라는 식으로 생각하는 것입니다. 그러나 생각하기에 따라서 "어떤 사람은 그런 것을 생각하고 있지."라고 말할 때는 '그런 것을 생각하고 있는 사람도 있지'라는 의미로 받아들일 수도 있습니다. 그런 것을 생각하고 있는 누군가가 존재한다는 의미로 말입니다. 그리고 '모든 사람은 그렇게 생각하고 있다'는 것은 '그렇게 생각하지 않는 사람은 없다(존재하지 않는다)'는 것과 마찬가지이므로, 전체와 일부가 아니라 '뭔가가 존재하지 않는다'는 것과 '뭔가가 존재한다'는 것을 나타냅니다. 그렇게 하면 전체에 대해 말할 수 있는 것은 반드시 그 부분에 대해서도 말할 수 있지만, '뭔가가 존재하지 않는다'는 것에서 '뭔가가 존재한다'고는 반드시 말할 수 없습니다.

이러한 미묘한 차이는 지금 단계에서 여러분에게 과연 어떤 도움이 될지 알 수 없을 뿐만 아니라, 머리가 혼란스러워져 도무지 무슨 뜻인지 잘 모를 수도 있습니다. 모르면 모르는 대로 괜찮습니다. 다만 미리 말씀드린 것은 일상적으로 쓰는 너무나 당연한 듯한 용어도 실은 다양하고 미묘한 의미의 차이가 있어서, 논리라든지 올바르게 생각한다는 것을 본격적으로 문제 삼기 시작하면 사소한 말의 의미 차이도 중요성을 띠게 된다는 것을 알아주었으면 하는 바람 때문입니다.

틀리기 쉬운 '모든'과 '어떤'의 예

여기에서 다음과 같은 문제를 내 볼 테니, 잘 생각해 보시기 바랍니다.

은호의 아버지는 전구를 만드는 공장의 공장장입니다. 매월 수많은 전구를 만들고 있습니다. 그런데 무슨 차질이 있었는지, 아버지는 '올 9월에 만든 전구는 모두 선이 끊어져 있어서 불이 들어오지 않는다'는 것을 발견하고 깜짝 놀랐습니다.

이 말을 들은 은호는 다음 날 아버지의 공장에 가 보았습니다. 창고 안으로 들어가자, 수많은 전구가 말끔하게 분류되어 진열되어 있었습니다. '끊어져 불이 들어오지 않는 전구'라는 표찰이 붙은 상자 속에서 전구 하나를 집어 들고 은호는 말했습니다. "아, 이 전구는 9월에 만들어졌구나."(A)

이어서 은호는 '6월에 만들어진 것'이라는 표찰이 붙은 상자에서 전구 하나를 집어 들고 말했습니다. "이 전구는 틀림없이 불이 들어올 거야."(B)

그리고 아무런 표찰도 붙어 있지 않은 상자 속에서 전구 하나를 끄집어내어 옆에 있던 전기스탠드에 끼워 보니 불이 들어왔습니다. "아, 이건 9월에 만들어진 게 아니구나."(C)

마지막으로 같은 상자에서 하나를 더 끄집어내어 확인해 보니, 이번에는 불이 켜지지 않았습니다. 그래서 "이건 9월에 만들어진 거구나."(D)라고 중얼거렸습니다.

은호가 A에서 D까지 한 말 가운데 어느 것이 절대적으로 옳을까요? 절대적으로 옳은 것은 C뿐입니다. A, B, D 중에서는 옳은 것도 있고, 옳지 않은 것도 있습니다.

잘 생각해 보면 누구나 알 수 있는 일이지만, 자칫하면 머리가 혼란해지고 맙니다. 그럴 때에는 그림을 그려 보면 확실히 알 수 있습니다. 아래 그림에서 S는 '9월에 만든 전구'를 나타내고, 따라서 −S는 '9월 이외에 만든 전구'를 나타냅니다. 또한 P는 '불이 들어오는 전구', −P는 '불이 들어오지 않는 전구'를 나타냅니다. 그렇게 하면 이 그림은 모두 네 가지 부류로 나누어집니다. S・−P의 부분은 '9월에 만들어지고 불이 들어오지 않는 전구', S・P는 '9월에 만들어지고 불이 들어오는 전구', −S・P는 '9월 이외에 만들어지고 불이 들어오는 전구', −S・−P는 '9월 이외에 만들어지고 불이 들어오지 않는 전구'를 각기 나타내고 있습니다.

조금 전 문제의 출발점은 '9월에 만들어진 전구는 모두 불이 들어오지

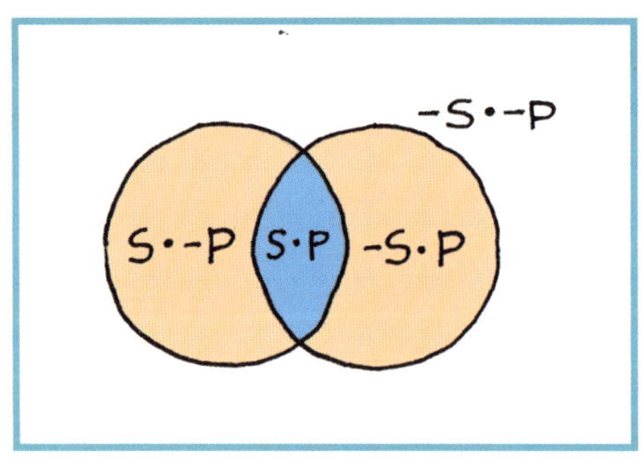

않는다' 는 것이었습니다. 이것은 '9월에 만들어진 전구(S)에서 불이 들어오는 것(P)은 없다' 는 것을 나타내므로, 그림으로 말하면 'S이면서 P인 것은 없다' 와 'S·P로 나타난 부류 속에는 아무것도 없다' 는 것과 같습니다. 이것을 분명히 하기 위해 S·P의 부분을 다른 색으로 칠해 둡시다. S·P는 텅 빈 것이기 때문에 '9월에 만들어지고 불이 들어오는 전구' 는 이 경우 어디에도 없다는 뜻입니다. 은호가 한 A의 말은 '불이 들어오지 않는 어떤 한 전구' 에 대한 것이지만, 불이 들어오지 않는 전구 −P 가 들어 있는 부류에는 S·−P와 −S·−P 두 가지가 있습니다. 따라서 아무렇게나 끄집어낸 '어떤' 전구 하나가 불이 들어오지 않는다고 하더라도 그것이 S·−P의 부류인지 −S·−P의 부류인지 처음부터 알고 있었던 것은 아닙니다. 만약 은호가 한 말 A가 정말일지라도 그것은 우연히 들어맞은 것입니다. B에서 D까지는 그림을 보면서 직접 생각해 보시기 바랍니다.

이러한 경우에는 '모든' 과 '어떤' 이라는 말을 '아니다' 든지 '어떤' 이라는 식으로 생각하는 쪽이 알기 쉽습니다. 그러나 하나하나의 판단을 별개로 생각할 때에는 '전체' 와 '일부분' 으로 생각하는 쪽이 우리가 일상적으로 쓰고 있는 말에 딱 맞을지도 모르겠습니다.

판단의 종류

주어의 범위가 전부 술어의 범위에 포함되는지, 또는 일부분만 포함되는지를 분명히 하기 위해 우리는 '모든'과 '어떤'이라는 두 가지의 새로운 말을 각각의 판단 속에 넣어서 생각해 봅시다. 그리고 앞에서 하나의 판단을 p나 q라는 기호로 나타내어 다양한 결합 형태를 보여준 것처럼 이번에는 하나의 판단을 만들어 내는 중요한 부분인 주어와 술어, '모든'과 '어떤'을 각각 기호로 나타내어 판단의 다양한 형태가 분명하게 드러나도록 해 봅시다. 주어 자리에 오는 어떠한 말이든 이것을 S로 나타내고, 술어 자리에 오는 어떠한 말이든 이것을 P로 바꿔 놓으면 다음과 같이 됩니다.

모든 S는 P다.

어떤 S는 P다.

이것에 각 문장의 부정 형태를 더하면 아래와 같습니다.

모든 S는 P가 아니다.

어떤 S는 P가 아니다.

'모든 ……이다'를 하나의 기호 A로, '어떤 ……이다'를 I로, '모든

……아니다'를 E로, '어떤 ……아니다'를 O로 나타내는 것이 예전부터의 습관입니다. 이 네 가지가 성질이라든시 상태를 나타내는, 비교적 단순한 술어를 포함하는 판단의 네 가지 형식이 됩니다. 다른 말로 하면, 그러한 종류의 술어를 포함하는 판단의 네 가지 표현 방법, 또는 사고의 종류입니다. 이제부터 문제가 되는 것은 이러한 네 가지 표현 방법, 또는 사고가 서로 어떠한 관계인지를 아는 것입니다.

◆ **모든 S는 P다** = S A P
◆ **어떤 S는 P다** = S I P
◆ **모든 S는 P가 아니다** = S E P
◆ **어떤 S는 P가 아니다** = S O P

판단의 구별을 원으로 나타내는 법

이것을 분명하게 하기 위해, 이러한 네 가지 사고는 주어와 술어 사이의 관계라는 점에서 보면 어떻게 다른가를 살펴보지 않으면 안 됩니다.

'모든 S는 P다(SAP)'는 그림 A 또는 B로 나타낼 수 있습니다. A는

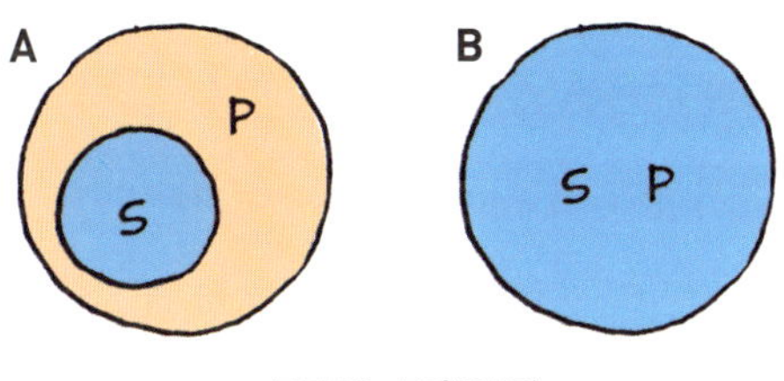

모든 S는 P다(SAP)

'모든 한국인은 동양인이다' 와 같은 경우, B는 '모든 미국인은 미합중국의 시민권을 갖고 있다' 와 같이 주어 S가 가리키는 범위와 술어 P가 가리키는 범위가 동일한 경우를 나타내고 있습니다.

SEP는 '모든 사람은 말이 아니다' 와 같이, 사람이라는 주어가 가리키는 범위와 말이라는 술어가 가리키는 범위는 전혀 별개의 것이기 때문에 아래의 그림과 같이 나타낼 수 있습니다.

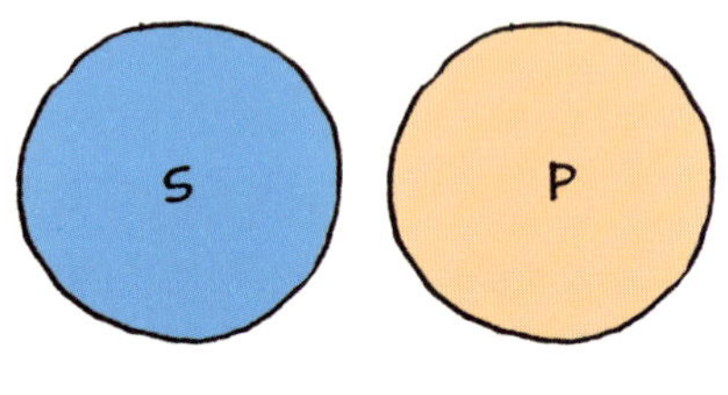

모든 S는 P가 아니다(SEP)

SIP는 다음 페이지의 그림 A, B, C, D로 나뉩니다. 이것은 SIP의 주어와 술어에 어떠한 말이 오는가에 따라 바뀝니다.

'어떤 책은 유익하다' 와 같은 판단은 유익하면서도 책이 아닌 것이 그 외에도 많기 때문에, A와 같이 S와 P는 그 일부분이 교차하기만 합니다. '어떤 사람은 학문을 좋아한다' 와 같은 경우에는 학문을 좋아하는 어떤 사람은 모든 사람의 일부분이기 때문에 주어인 S, 즉 '사람' 의 일부분이 술어 P '학문을 좋아한다' 에 의해 가려져 있습니다.

'어떤 한국인은 동양인이다' 와 같이 말할 때에는 처음부터 모든 한국인이 동양인이기 때문에 형태상으로는 SAP의 A의 경우와 동일합니다.

다만 S의 전부에 대해서가 아니라, 일부에 대해 말하고 있는 것을 나타내기 위해 C와 같이 선을 그었습니다. '어떤 미국인은 미합중국의 시민권을 갖고 있다' 는 처음부터 '모든 미국인은 미합중국의 시민권을 갖고 있다' 이기 때문에 형태는 SAP의 B와 같이 되고, 다만 그 경우의 일부에 대해 말하고 있는 것을 나타내기 위해 D와 같이 그렸습니다.

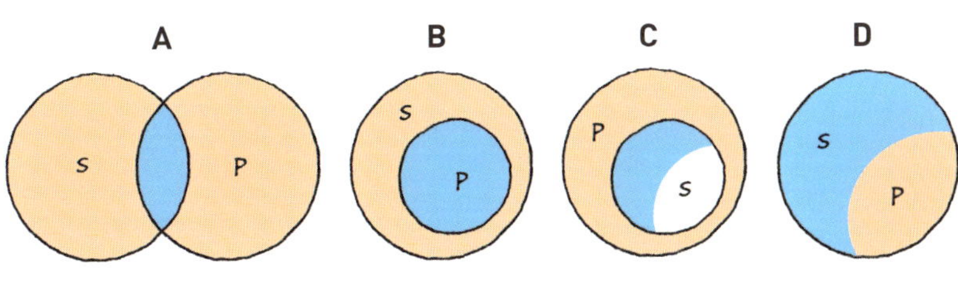

어떤 S는 P다(SIP)

SOP는 세 가지 경우로 나뉩니다.

A의 예인 '어떤 책은 유익하지 않다' 는 SIP의 A의 경우와 반대이기 때문에 S 가운데 P와 중복되지 않는 부분을 말하고 있습니다. B는 '어떤

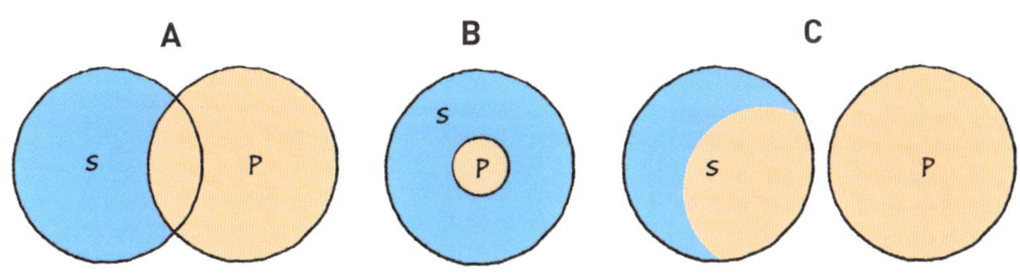

어떤 S는 P가 아니다(SOP)

사람은 학문을 좋아하지 않는다'와 같이 이것도 SIP의 B의 경우와 반대이기 때문에 P가 아닌 S의 부분을 주장하고 있습니다. C는 '어떤 사람은 말이 아니다'의 경우와 같이 처음부터 모든 사람은 말이 아니기 때문에 SEP의 경우와 형태는 같게 됩니다.

이런 식으로 다소 번거롭더라도 기본이 되는 판단의 네 가지 종류를 원으로 나타내어 구별하는 방법을 기억해 두면, 활용형의 문장으로 나타난 여러 복잡한 문제를 푸는 데 많은 도움이 됩니다. 다양한 규칙을 모르더라도 이 그림을 이용하면 뒤에서 말씀드릴 삼단논법도 누구든 금방 이해할 수 있습니다.

잘못 쓰인 '모든'

지적으로 발달해 있지 않은 아이들뿐만 아니라, 어른들도 흔히 저지르는 잘못이 이로써 분명해집니다. 그것은 SAP와 같은 형태의 판단으로부터 확실히 SIP라는 판단을 옳게 도출할 수 있지만(다른 말로 하면, '모든

한국인은 머리칼이 검다' 라는 것이 옳으면, 반드시 '어떤 한국인은 머리칼이 검다' 라고 할 수 있지만), SIP의 형태로 언급된 판단이 비록 옳다고 하더라도 SAP의 형태로 언급된 동일한 판단이 반드시 옳지는 않다는 것입니다.

학교에서 집으로 돌아오는 길에 지호는 T초등학교에 다니는 5~6명의 아이들에게 괴롭힘을 당했습니다. 이런 일이 두세 번 계속되면, 지호는 "T초등학교 아이들은 모두 나쁘다."고 할 것입니다. 미국을 3개월 정도 여행하고 돌아온 사람은 흔히 "미국인은 모두 친절하다."고 합니다. 중국을 여행하고 돌아온 사람 중 "중국에는 어디에도 파리 한 마리 없다."고 하는 사람도 있습니다. 실은 지호를 괴롭힌 것은 T초등학교의 모든 아이들이 아니라 '어떤' 아이들이었으며, 미국에서 돌아온 사람이 실제로 만나고 온 사람은 '어떤' 미국인입니다. 또한 중국에 다녀온 사람이 실제로 본 것은 중국의 '어떤' 곳입니다.

불필요한 '모든'

여러분은 다음과 같은 불필요한 논쟁을 한 적은 없습니까?

A 어른들은 모두 고약해.

B 그렇지 않아. 어른들은 모두 우리를 생각해 주고 있어. (고약하지 않다)

A 그건 네가 잘못 생각한 거야. 나는 절대로 그렇게 생각하지 않아.

B 너야말로 잘못 생각하는 거야.

A …….

B …….

A가 말한 것이 참이라면, B가 말한 것이 참일 리는 없습니다. 둘 다 참일 리 없기 때문에 어느 한쪽이 틀렸을 것입니다. 따라서 지지 않으려고 필사적으로 논쟁을 벌이겠지만, 실은 둘 다 어처구니없는 곳에 함정이 있다는 것을 깨닫지 못하고 있습니다. 바로 두 사람 다 잘못을 하고 있기 때문입니다. 게다가 '어떤 어른은 고약하다' 라든지, 또는 '어떤 어른은 고약하지 않다' 라는 것이 정말인 듯한 경우가 의외로 많습니다. 만약 B가 이 책을 전에 읽었더라면, 아마 이렇게 말할 것입니다.

A 어른들은 모두 고약해.

B 그렇지 않아. 어떤 어른은 고약하지 않아.

그리고 나서 정말로 고약하지 않은 어른을 한 사람이라도 발견하여 A에게 보여주면, 적어도 A는 더 이상 '모두' 라고 말할 수 없기 때문에 표면상으로는 A의 패배입니다. 만약 A가 하는 말이 옳다고 한다면, A는 '모두 고약하다' 고 말하고 있기 때문에 '어떤 사람은 고약하지 않다' 고 하는 B의 주장은 어쨌든 잘못이 됩니다. 처음의 논의에서는 A가 SAP의 형태로 내세운 것에 대해 B가 SEP의 형태로 답한 것입니다. 그러나

SAP와 SEP 양쪽 다 옳다고 하는 경우는 있을 수 없지만, 둘 다 잘못이라고 하는 경우는 있습니다. 나중의 경우에는 A의 SAP에 대해 B는 SOP로 맞서고 있습니다. SAP와 SOP는 어느 쪽이든 모두 옳다고 하는 경우도 있을 수 없을뿐더러, 어느 쪽이든 모두 잘못이라고 하는 경우도 있을 수 없습니다. 이것이야말로 다른 사람을 배제한, 두 사람만의 목숨을 건 승부와 같습니다.

모순과 반대

나중과 같은 경우, A가 하는 말과 B가 하는 말은 모순되어 있다고 합니다. 처음의 경우에는 모순이라고는 하지 않고, 'A가 하는 말과 B가 하는 말은 반대다'라고 합니다. 논리학에서는 이와 같이 모순과 반대를 구별합니다. 예전부터 논리학자들은 다음과 같은 표를 만들어, 네 가지 기본적인 판단 사이의 관계를 구별하고 있습니다.

그림에서 알 수 있듯이 모순 관계는 A와 O 또는 E와 I 사이의 관계로, 둘 다 옳다거나 둘 다 잘못이라고 하는 일이 없고, 반드시 어느 한쪽이 옳거나 다

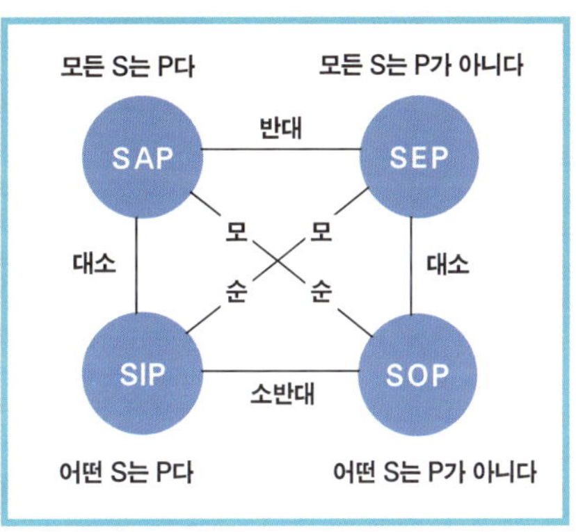

른 한쪽이 잘못인 경우입니다.

반대의 관계는 A와 E 사이의 관계로, 이때에는 둘 다 옳은 경우는 있을 수 없고 둘 다 잘못인 경우가 나오게 됩니다.

'모든'과 '어떤'의 구별이 없는 문장이나 판단에서는 모순도 반대도 동일한 것으로, 구별은 없어지게 됩니다. "나는 개를 좋아한다."는 말에 대해 "나는 개를 좋아하지 않는다."고 하면 표면상으로는 어느 쪽도 참일 수 없으며, 거짓일 수도 없습니다.

그러나 실제로 우리가 일상적으로 쓰고 있는 부정의 표현은 한층 더 복잡합니다. 의미상으로 말하면, '좋아한다'와 '좋아하지 않는다'의 문자 그대로의 의미로는 분명히 어느 쪽도 참일 수는 없습니다. 그러나 "좋아하지도 않고, 싫어하지도 않는다." "좋아하지 않는 것도 아니다." 등과 같이 말하면, 좋아하는 것도 좋아하지 않는 것도 아닌, '관심없다'라는 것을 의미합니다.

만약 우리가 쓰는 좋아함과 싫어함에 대한 말이 '좋아한다'와 '싫어한다(좋아하지 않는다)' 두 가지밖에 없다고 한다면, 둘 다 옳거나 둘 다 잘못인 경우는 있을 수 없으며, 어느 쪽인가가 옳고 어느 쪽인가가 잘못입니다.

그러나 실제로 우리는 좋아함과 싫어함 사이에 훨씬 더 많은 감정 상태가 있음을 알고 있고, 또한 그에 어울리는 말로 이들을 나타낼 수 있습니다. 따라서 우리의 일상생활에서 '좋아한다'와 '싫어한다'는 모순되지 않는 경우가 많습니다. 다만 일반적인 논리학에서는 '좋아한다'라는 것이 참인지 거짓인지, 옳은 것인지 잘못된 것인지를 분명히 하고자 하는 것입니다.

일반적으로 말하는 논리학은 "나는 이것을 좋아한다."라는 말이 과연 나의 감정을 그대로 나타내고 있는지 아닌지가 중요한 것이 아니라, 그 판단이 다양한 다른 판단으로부터 올바르게 도출되었는지 아닌지가 중요한 것입니다. 이 문제는 논리학에서 가장 중요한 문제 중 하나입니다. 여러분은 단지 '참'이라든지 '거짓'이라는 말에도 상당히 복잡한 문제가 포함되어 있다는 것을 기억해 두면 됩니다.

다만 일상생활에서는 흔히 '모든'과 '어떤'의 올바른 사용법에 반하는 듯한 논의가 이루어지고 있습니다. 모든 것을 단지 두 가지로만 나누어서 생각하는 사람이 의외로 많고, 앞에서 말씀드린 불필요한 '모든'을 논쟁하는 경우도 있습니다. '어떤'이라는 말이 갖는 의미를 확실히 마음에 새겨 두는 일은 사물을 올바르게 생각하고, 올바른 사고에 의거하여 올바르게 행동하는 데에 아주 중요합니다.

131페이지 표에 나타나 있는 다른 관계에서도 중요한 것이 아주 많지만 여기서는 간단하게 말씀드릴 수밖에 없으니, 여러분 스스로 갖가지 예를 생각해 가면서 잘 생각해 보시기 바랍니다.

소반대의 관계는 I와 O 사이의 관계로 둘 다 참일 수는 있어도 둘 다 거짓일 수는 없습니다. 또한 대소의 관계는 A와 I, E와 O 사이의 관계로 이때는 '모든'에 대해 일컬어진 것이 참이라면 '어떤'에 대해 일컬어진 것도 참이라는 관계를 가지고 있습니다. '모든 한국인은 정직하다'가 옳다면 '어떤 한국인은 정직하다'는 당연히 옳지만, '모든 한국인은 정직하다'가 틀렸다고 한다면 '어떤 한국인은 정직하다'는 정말인지 어떤지 알 수 없습니다. 왜냐하면 '어떤 한국인은 정직하지 않다'는 말 또한 있을 수 있기 때문입니다. 그러나 '어떤 한국인은 정직하다'는 것이 거짓이라면 '모든 한국인은 정직하다'는 것은 당연히 거짓이 됩니다.

삼단논법

마지막으로 흔히 삼단논법이라고 하는 것에 대해 간단하게 말씀드리겠습니다.

은호는 집에서 뽀삐라는 개와 미미라는 고양이를 기르고 있습니다. 두 마리 다 사이가 좋지만 때로는 싸우기도 합니다. 어느 날 뽀삐가 미미를 괴롭히는 것을 보고, 은호는 미미를 안아 정원에 있는 나무 위에 올려 주었습니다.

"자, 미미야, 이젠 괜찮아."라고 은호가 미미에게 말하는 것을 듣고, 어린 지호가 물었습니다.

"형. 어째서 미미가 괜찮다는 거야?"

이에 은호는 "뽀삐는 나무에 오를 수 없거든."이라고 했습니다.

그러자 지호는 "왜 뽀삐는 나무에 오르지 못해?"라고 또 물었습니다.

이에 은호는 "그야 뽀삐는 개니까."라고 답했습니다. 지호는 뭐든지

‘왜’라고 묻기 좋아하는 나이라, 알 듯 모를 듯한 표정으로 다시 물었습니다.

“어째서 뽀삐는 개이기 때문에 나무에 오르지 못하는 거야?”

은호는 거의 짜증을 내다시피 말했습니다.

“개는 모두 나무에 오를 수 없거든.”

지호는 여전히 모르겠다는 듯한 얼굴을 하고 있습니다. 은호는 결국 화가 나서, “바보, 이런 것도 몰라! 개는 모두 나무에 오르지 못해. 그리고 뽀삐는 개잖아. 그러니까 뽀삐가 나무에 오르지 못하는 건 당연하지.”라고 말했습니다.

이 당연한 진리를 은호가 머릿속에서 생각한 순서대로 논리학의 표현으로 정리하면, 옆과 같이 됩니다.

②와 ③ 사이에 있는 ‘그렇다면’이라는 말은, ③에서 한 말이 ①과 ②에서 한 말로부터 저절로 나왔다는 것을 나타내고 있습니다. ③의 문장에서 주어 ‘뽀삐’를 S, 술어 ‘나무에 오를 수 있다’를 P로 바꿔 다시 한번 전체를 보면, P는 ①의 술어를 이루고 있고 S는 ②의 주어를 이루고 있습니다. 그리고 ③에 나오지 않는 ‘개’라는 말

① 모든 개는 나무에 오를 수 없다.
② 뽀삐는 개다.
　그렇다면(따라서)
③ 뽀삐는 나무에 오를 수 없다.

은 ①과 ②에서 두 번 나옵니다. 이 '개' 라는 말을 M이라는 기호로 바꿔 보면 아래의 A와 같이 되고, 이것을 원을 이용해서 나타내면 B와 같이 됨을 알 수 있습니다.

①의 판단을 우선 그림으로 나타내 본다면, 서로 떨어진 P의 원과 M의 원을 그릴 수 있습니다. ②의 판단을 이것에 그려 넣으면 S가 M의 원 속에 모두 들어가 버리고 맙니다. 그렇게 하면 S와 P가 일부분 겹친다든지, S가 P 속에 모두 들어가 버리는 식의 일은 있을 수 없다는 것을 바로 알 수 있습니다. 따라서 결론인 '모든 S는 P가 아니다' 를 나타내는 그림이 저절로 만들어집니다. 이 삼단논법은 타당한 것입니다.

A

① 모든 M은 P가 아니다.
② S는 M이다.
  그렇다면
③ 모든 S는 P가 아니다.

※ '이 책상' 이라든지 '뽀삐' 와 같이 하나하나의 사물이나 사람의 이름(고유명사)은 '모든' 이라는 말과 동일하게 취급할 수 있습니다.

B

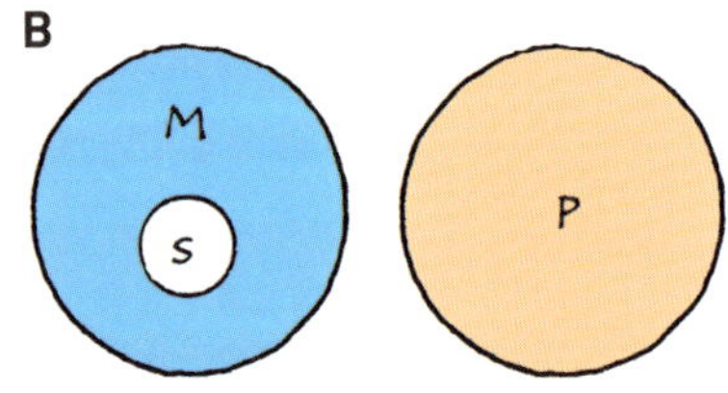

만약 고양이인 미미의 경우라면 어떻게 될까요? 고양이는 나무에 오를 수 있기 때문에 이때에는 다음 페이지의 그림과 같이 됩니다.

논리학자들은 A나 C의 ①을 대전제, ②를 소전제, ③을 결론이라고 부릅니다. 이것은 앞에 나온 은호와 지호의 대화를 보더라도 알 수 있듯이 "왜 뽀삐는 나무에 오르지 못해?"라는 질문의 이유를 설명할 때에 사용되는 사고 형태입니다. 그리고 이 방법은 두 개의 판단으로부터 제3의 결론을 이끌어 내는 삼단 구조를 이루고 있기 때문에 삼단논법이라 부릅니다.

삼단논법에는 다양한 형태가 있어서 어떠한 경우에 타당하고 어떠한 경우에 그른지를 판단하는 규칙도 다양하지만, 단지 규칙을 외운다고 해서 여러분이 실제로 사물을 생각할 때 곧바로 도움이 되는 것은 아닙니다. 그것보다도 하나하나의 판단을 그림으로 나타내는 방법을 알고 있으면, 다양한 경우를 그림으로 직접 그려 보고, 이 삼단논법이 타당한지 어떤지를 확인해 볼 수 있습니다. (어떠한 삼단논법이 타당한지 그렇지 않은지를 쉽게 알 수 있는 방법은 5장 '규칙 속으로 들어간 논리'에서 말씀드리겠습니다.)

C

① 모든 고양이는 나무에 오를 수 있다.
② 미미는 고양이다.
③ 미미는 나무에 오를 수 있다.

　(기호로 나타내면)
① 모든 M은 P이다.
② S는 M이다.
　그렇다면
③ 모든 S는 P다.

D

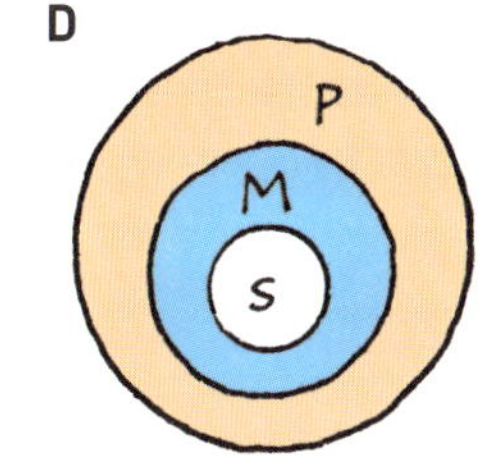

타당한 듯하지만 그릇된 삼단논법

다음과 같은 예를 생각해 보기로 합시다.

A

① 어떤 글은 유익하다.
② 모든 학술논문은 유익하다.
  따라서(이면)
③ 모든 학술논문은 글이다.

B

A를 기호로 나타낸다
① 어떤 P는 M이다.
② 모든 S는 M이다.
  따라서(이면)
③ 모든 S는 P다.

문장으로 쓰인 A를 보시기 바랍니다. ①도 ②도 ③도 각각 따로 생각하면, 모두 참입니다. 따라서 이러한 삼단논법이 타당한 것이라고 무심코 생각해 버릴지도 모릅니다. 이것은 아주 큰 잘못입니다.

이 삼단논법의 ①과 ②를 그림으로 그리면, 아래와 같이 됩니다.

①을 나타낸 그림 속에 ②를 그려 넣을 때, ②의 주어 S는 전부 M 속에 포함되지만, S와 P의 관계에서 보면 S^1과 같이 포함되어 있는지, S^2와 같이 포함되어 있는지, 또는 S^3와 같이 포함되어 있는지는 ①과 ② 어디에도 나타나 있지 않습니다. 따라서 S가 S^3와 같은 부

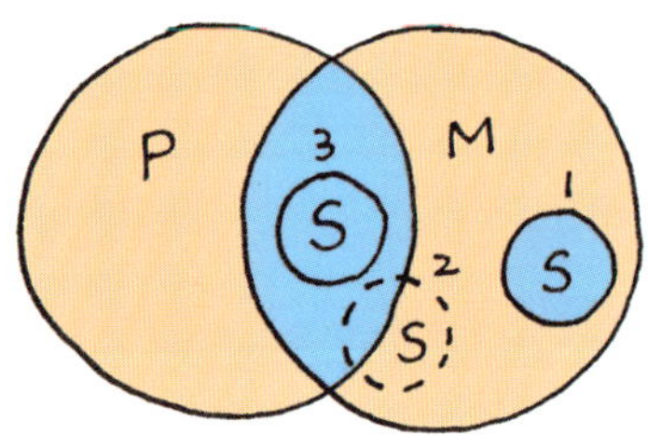

분에서 M에 포함되어 있다고 하는 것은 반드시 그렇다고 할 수는 없습니다. S^1이나 S^2의 장소에서 포함되어 있는 일도 있기 때문입니다.

"하지만" 이라고 여러분은 말할지도 모르겠습니다. "모든 학술논문은 글로 되어 있는걸요, S^1이나 S^2의 부분에 올 리가 없잖아요."

그러나 이렇게 말하는 것은 아주 큰 오류입니다. 삼단논법과 같은 표현으로 ①과 ②의 전제로부터 ③의 결론을 이끌어 내는 것을 이용하여 우리는 "③을 증명한다."고 말합니다. 다른 말로 하면, 이 경우는 왜 '학술논문이 모두 글' 인가의 이유를 ①과 ②로 말하고 있습니다. 그러기 위해서 ①(어떤 글은 유익하다)이고, 그리고 ②(학술논문은 모두 유익하다)이기 때문에, ③(학술논문은 모두 글이다)이라는 것입니다. 그럼에도 ②(모든 학술논문은 유익하다)라는 것 속에 '모든 학술논문은 글이다' 라는 의미를 포함해 버리면, 지금부터 증명하고자 하는 것을 증명 과정에서 쓴 것이 되고 맙니다. 이래서는 진정한 증명이 되지 않습니다.

따라서 그림 속에서 S가 S^1과 같이 될지, S^2와 같이 될지, S^3와 같이 될지는 전제 속에서 정할 수 없기 때문에 '그래서 모든 S는 P이다(모든 학술논문은 글이다)' 라는 결론을 아무런 근거도 없이 이끌어 내는 것은 잘못입니다. 이 삼단논법은 틀린 것입니다.

만약 여러분이 '학술논문' 이라는 말 대신에 '교육영화' 라는 말로 바꿔 넣는다면, '모든 교육영화는 글이다' 가 되고 맙니다. A와 같이 말로 쓰면, 결론을 그만 먼저 써 버리는 잘못을 범하기 때문에 B와 같이 기호로 쓰는 쪽이 안전합니다. A와 같은 경우, 하나하나 말하고 있는 것은 실제로는 타당하지만 전체의 생각이 잘못되어 있는 경우라고 할 수 있습니다.

잘못된 듯하면서 타당한 삼단논법

A

① 모든 한국인은 머리카락이 검지 않다.
② 모든 미국인은 머리카락이 검다.
③ 모든 미국인은 한국인이 아니다.

B

A를 기호로 나타낸다
① 모든 P는 M이 아니다.
② 모든 S는 M이다.
　따라서(이면)
③ 모든 S는 P가 아니다.

다음으로 언뜻 보아서는 잘못이라고 생각하기 쉽지만, 실제로는 타당한 삼단논법의 예를 들어 봅시다. ①이나 ②에서 말하고 있는 내용 그 자체는 실제의 것과 다르기 때문에 거짓일 것입니다. 그리고 두 개의 거짓으로부터 ③의 올바른 판단이 나온다고 하는 것이 왠지 이상하게 여겨질지도 모르겠습니다. 그러나 이것도 우리가 ①과 ②에서 말하고 있

는 내용을 생각해 버렸기 때문입니다. 만약 여러분이 한국인이라는 것도, 미국인이라는 것도 전혀 알지 못하는 어느 미지의 한 사람이라고 생각해 보십시오. A나 B를 앞에서와 같이 원으로 그려 보면, 결론인 ③의 그림은 ①과 ②의 그림 속에 자연스레 들어 있기 때문에 이것은 타당한 삼단논법이 됩니다. 그 증거로 '머리가 검다' 대신에 '백인이다'로 바꿔 넣었을 때 여러분은 곧바로 이것이 타당한 것임을 알 수 있습니다. 따라

서 이러한 예는 하나하나의 실제 사실에 대한 지식은 잘못되어 있지만, 전체적인 생각은 올바른 경우입니다.

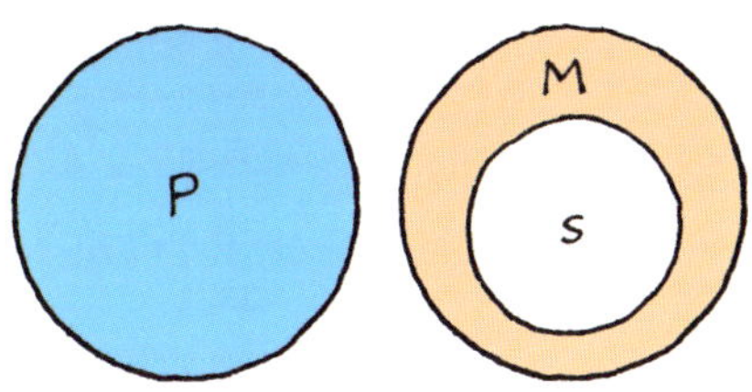

사고의 규칙(추론)

여기에서 하나 알 수 있는 것은, 삼단논법에서 전제 하나하나의 판단이 참인지 거짓인지는 그 삼단논법 자체가 타당한지 아닌지와 상관이 없다는 것입니다. 삼단논법에서 말하고 있는 것은 '……이면 ……이다' 라는 사고가 타당한지 아닌지를 문제 삼는 것입니다. 따라서 전제에 오는 '……' 는 실제 그대로가 아니더라도 그렇다고 잠정적으로 생각하는 '이면' 이라는 것입니다. 그리고 전제가 실제로 참이라는 것을 다시 한번 반복하여 덧붙이면, 이번에는 "따라서 결론이 타당하다."고 할 수 있습니다. 그리고 위와 같이 "모든 개는 나무에 오를 수 없고① 뽀삐는 개②라고 한다면, 뽀삐는 나무에 오를 수 없다③. 그런데 모든 개가 나무에 오를 수 없고①, 뽀삐가 개②라는 것은 정말이다. 따라서 뽀삐는 나무에 오

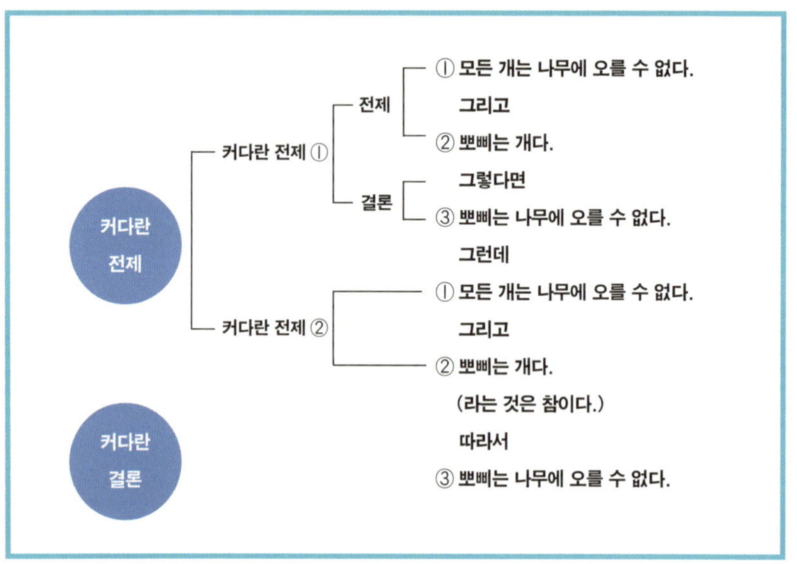

를 수 없는 것이다."라는 지루한 문장이 됩니다.

　이것을 기호로 간단하게 나타내 보면, 위의 표와 같이 됩니다. '[(P⊃ Q)·P]⊃Q'라는 식은 3장 '사물을 올바르게 인식하기 위한 논리'에서 추론이라는 것으로 말씀드린 것을 기억하고 있습니까? 삼단논법은 하나하나의 판단을 P나 Q로 나타내어 그것들 사이의 관계를 정한, 앞에서 말씀드린 방식이 변화한 것입니다. 앞에 P라고 둔 부분, 즉 '모든'이라든지 '어떤'이라는 말을 포함한 두 가지의 판단이 '그리고'로 연결되어 있는, 약간 복잡한 문장으로 변한 것입니다. 삼단논법은 이 추론 속에 들어 있습니다. 일반적으로 P가 지극히 당연한 것으로 여겨지는 경우, 우리는 "P이면 Q이다. 그리고 P이다. 따라서 Q이다."라고 길게 말하는 대신에

"P이기 때문에 Q이다."라고 합니다. 이것은 생략하여 짤막하게 말하는 방식입니다.

"모든 한국인은 머리칼이 검지 않다. 모든 미국인은 머리칼이 검다. 따라서 모든 미국인은 한국인이

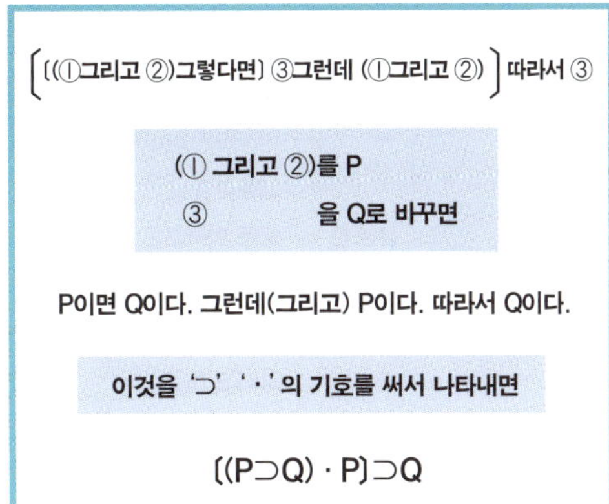

아니다."라고 하는 것이 실제로 이상한 것은, 다음 페이지 위의 표와 같이 생각해 보면 확실히 알 수 있습니다. 왜냐하면 표 전체가 나타나 있는 식 (A)는 타당하지 않은 식입니다. 'P이면 Q이다' 라고 하더라도 만약 P가 참이 아니라면 Q는 참이든 거짓이든 괜찮습니다.

다른 말로 하면 'P이면 Q이다' 는 것 전체는 참이더라도 P가 참이 아니라면 Q는 참인지 거짓인지 알 수가 없습니다. 86페이지에서 말씀드린 "1,000만 원에 당첨되면, 중고자동차를 사 주겠다."는 부분의 설명을 다시 한번 상기해 주시기 바랍니다.

이와 같이 어떤 것을 생각할 때에 추론의 타당한 틀(규칙) 속에 넣어 생각하는 것이 중요합니다. 어떤 것을 잘못된 추론의 틀에 넣어 생각하면, 어쩌다가 타당한 결과가 나온다고 하더라도 그것은 요행수이지 바르게 생각한 결과라고는 할 수 없습니다. 올바른 추론의 틀은 다음 페이지 아래의 표 속의 ①과 ②뿐으로, ③에서 ⑥까지는 잘못된 틀입니다.

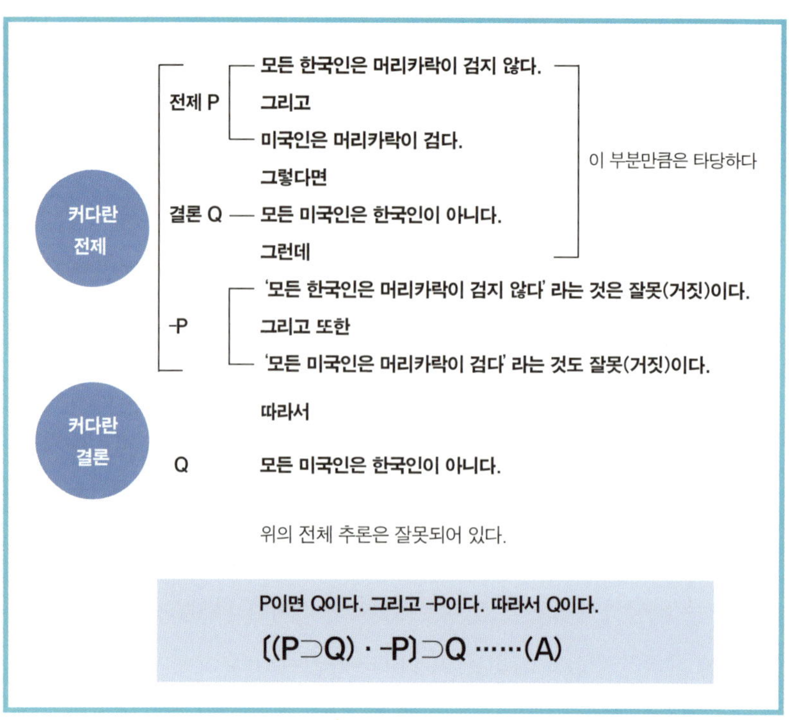
커다란 전제

전제 P
모든 한국인은 머리카락이 검지 않다.
그리고
미국인은 머리카락이 검다.
그렇다면
결론 Q — 모든 미국인은 한국인이 아니다.
그런데

-P
'모든 한국인은 머리카락이 검지 않다' 라는 것은 잘못(거짓)이다.
그리고 또한
'모든 미국인은 머리카락이 검다' 라는 것도 잘못(거짓)이다.

이 부분만큼은 타당하다

커다란 결론

따라서

Q   모든 미국인은 한국인이 아니다.

위의 전체 추론은 잘못되어 있다.

P이면 Q이다. 그리고 -P이다. 따라서 Q이다.
〔(P⊃Q)·-P〕⊃Q ······(A)

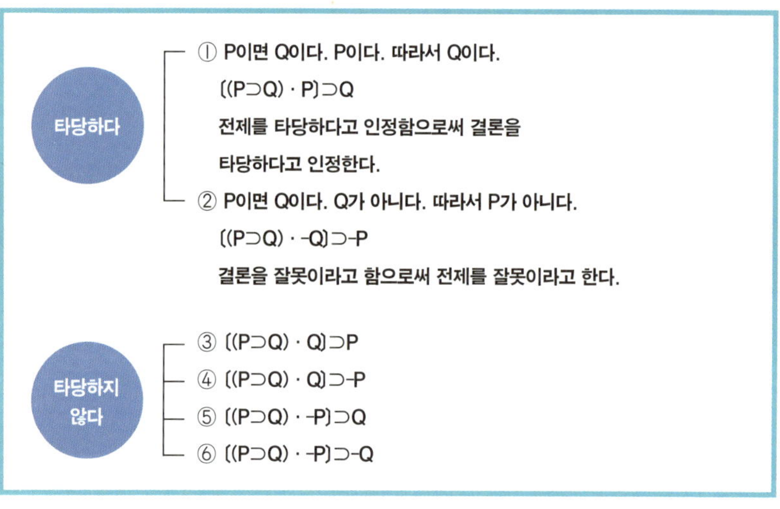
타당하다

① P이면 Q이다. P이다. 따라서 Q이다.
〔(P⊃Q)·P〕⊃Q
전제를 타당하다고 인정함으로써 결론을
타당하다고 인정한다.
② P이면 Q이다. Q가 아니다. 따라서 P가 아니다.
〔(P⊃Q)·-Q〕⊃-P
결론을 잘못이라고 함으로써 전제를 잘못이라고 한다.

타당하지 않다

③ 〔(P⊃Q)·Q〕⊃P
④ 〔(P⊃Q)·Q〕⊃-P
⑤ 〔(P⊃Q)·-P〕⊃Q
⑥ 〔(P⊃Q)·-P〕⊃-Q

두 가지 증명 방법

①의 예는 이미 앞서 말씀드렸습니다. 이것은 상대방에게 어떤 것이 참이라는 것을 납득시키고자 하는 경우에 쓰입니다(참이라는 것의 설명). ②의 예는 상대가 말하는 것을 짓누르고자 하는 경우에 쓰입니다. 다른 말로 하면, 어떤 것이 거짓이라는 것을 납득시키고자 하는 용도로 쓰입니다(거짓이라는 것의 증명). 게다가 이러한 증명 방법은 잘못이라고 여겨지는 것을 직접적으로 잘못이라고 몰아붙일 도리가 없을 때 쓰입니다. 일단 그것을 참이라고 가정하고, 그것으로부터 나오는 결론을 실제에 비추어 보아 거짓이라고 판단함으로써 이러한 거짓 결론을 만들어낸 전제는 참일 수 없다고 말합니다.

날지 않는 화살, 아킬레스와 거북

옛날 그리스의 엘레아에서 태어난 철학자 제논은 이 방법을 써서, 그 당시 위력을 떨치던 피타고라스라는 유명한 철학자의 유파에 속하는 학자들의 생각을 반박했습니다. 피타고라스의 사고에 찬성하는 사람들은 선은 무한히 많은 점들로 이루어져 있다고 생각하였습니다.

그런데 제논은 "만약 '선이 무한히 많은 점들로 이루어져 있다는 것이 참이다' 라고 가정하면(전제), 예를 들어 A에서 B를 향해 날아가는 화살은 우선 A와 B 거리의 절반인 점 C를 통과하지 않으면 안 되며, C까지 나아가기 위해서는 우선 A와 C 거리의 절반인 점 D를 통과하지 않으면 안 된다. 이런 식으로 하여 절반인 점, 또 그 절반인 점이라는 식으로 생각하면, 화살은 B에 도달하기까지 무한한 점 위를 통과하지 않으면 안

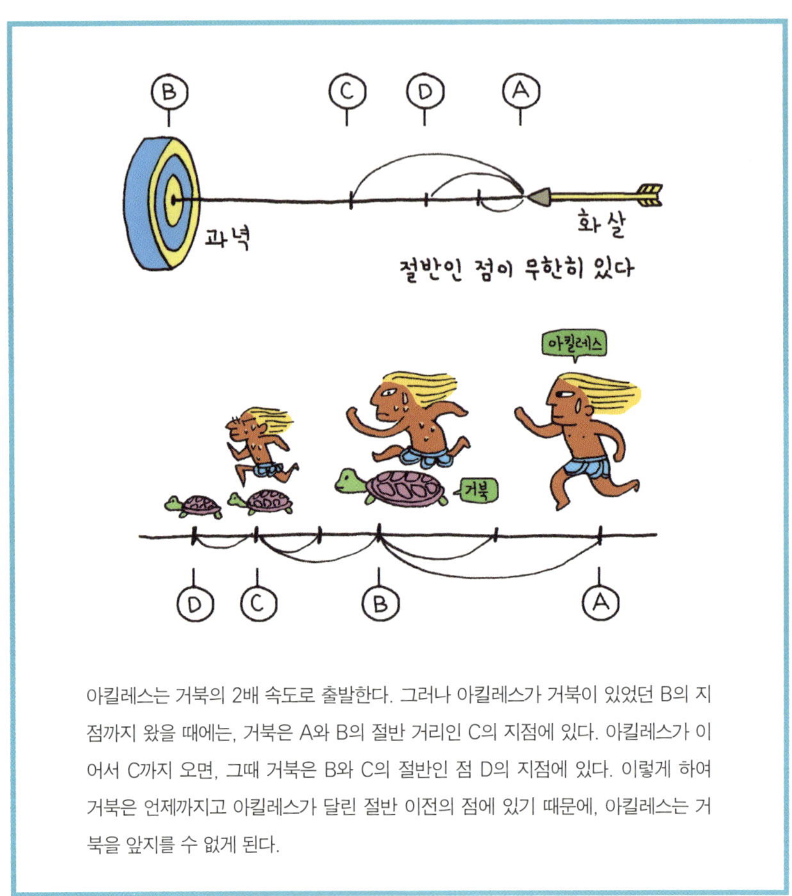

아킬레스는 거북의 2배 속도로 출발한다. 그러나 아킬레스가 거북이 있었던 B의 지점까지 왔을 때에는, 거북은 A와 B의 절반 거리인 C의 지점에 있다. 아킬레스가 이어서 C까지 오면, 그때 거북은 B와 C의 절반인 점 D의 지점에 있다. 이렇게 하여 거북은 언제까지고 아킬레스가 달린 절반 이전의 점에 있기 때문에, 아킬레스는 거북을 앞지를 수 없게 된다.

된다. 그러나 어느 일정한 시간 동안에 무한한 점을 지나는 일은 불가능하기 때문에 화살은 아무래도 B에 도달하지 않을뿐더러 움직이는 것조차 불가능하게 된다(결론). 그런데 실제로 날아가는 화살이 날지 않는다고 하는 것은 거짓이다. 따라서 피타고라스와 같은 생각을 하는 사람의 주장은 잘못이다."라는 식의 논쟁을 펼쳐 상대가 하는 말이 거짓임을 증명하였습니다.

여러분도 알고 있는 발이 빠른 아킬레스라는 인물조차 거북을 따라 잡는 일은 불가능하다고 하는 예도, 마찬가지로 제논이 상대를 몰아붙이기 위해 이용한 방법이라고 합니다.

어떤 것이 거짓이라고 하는 것은 어떤 것이 참이라는 것을 확실히 단정하지 못하기 때문에 어떤 것이 참이라는 것을 증명하기 위해서는 어쨌든 ①과 같은 형태로 사물을 생각하지 않으면 안 됩니다.

삼단논법은 진리를 아는 한 가지 방법일 뿐이다

그런데 난처한 일은, ①의 형태는 전제가 되는 P가 참 아니면 결론인 Q가 참이라고 할 수 없다는 것입니다. 그렇다면 P가 정말로 참이라는 것은 어떻게 알 수 있을까요?

은호의 "모든 개는 나무에 오를 수 없다. 그리고 뽀삐는 개다. 따라서 뽀삐는 나무에 오를 수 없다."는 생각은 올바른 삼단논법에 의한 추론이었습니다. 그러나 그러기 위해서는 "모든 개는 나무에 오를 수 없고 뽀삐는 개다."라는 것이 타당하지 않으면 안 됩니다. 모든 개가 나무에 오를 수 없다는 것은 어째서 타당한 것일까요? 은호는 모든 개를 만나서 그 모든 개가 나무에 오르지 못한다는 것을 하나하나 확인해 본 것은 아닙니다. 전제가 되는 것이 좀 더 다른, 참이라고 인정되는 전제로부터 ①과 같은 방법으로 이미 증명되어 있는 경우도 있을 것입니다. 그러나 그때의 증명에 쓰이고 있는 전제가 참이라는 것은 어째서일까라고 생각하면, 언제까지고 끝이 없습니다. 그야말로 우리는 '정말이다' 나 '참이다' 라는 말을 쓸 수 없게 되고 맙니다.

우리가 어떤 것을 참이라고 아는 방법에는 지금까지 말씀드린 삼단논법과 같은 추론 방법만 있는 것은 아닙니다. 이러한 추론은 앞에서 한 번 언급했던 연역논리, 즉 '이끌어 내는 방법의 논리' 라는 것이 있는데 이러한 방법만으로 어떤 것을 참이라고 판단하기에는 한계가 있습니다. 연역하기 위해서 이용한 전제가 참이라는 것을 어디에서도 이끌어 낼 수 없습니다. 이를 위해서는 뭔가 다른 곳으로부터 도움을 빌려, 어떤 것을 '참이다' 라고 단정하지 않으면 안 됩니다. 그리고 실은 이러한 별개의 방법으로 '참이다' 는 것을 단정하는 쪽이 어떤 의미에서는 우리들의 일상 생활에서 많을지도 모릅니다. 그러나 이와 함께 우리는 매일 어떤 방법으로 이미 진리라고 인정해 버리는 지식을 수없이 가지고 있습니다. 이것을 토대로 하여 좀 더 새로운 진리를 찾고자 하는 것도 사실입니다. 이럴 때, 지금까지 계속 말씀드린 '이끌어 내는 방법의 논리' 는 크게 도움이 됩니다. 이것은 차의 한 쪽 바퀴와 같습니다. 그리고 또 한 쪽의 바퀴에 해당하는 또 다른 사고의 논리는 이 다음 다음 부분에서 말씀드리기로 하겠습니다.

5

규칙 속으로 들어간 논리

참이나 거짓을 단정하는 방법 – 지금까지 내용의 정리

3장 '사물을 올바르게 인식하기 위한 논리'에서 우리는 하나하나의 판단을 있는 그대로 받아들임으로써 단순한 것에서부터 아무리 복잡하게 결합되어 있는 판단이더라도 그것이 올바른지 아닌지를 분별하는 방법을 익혔습니다.

4장 '논리적 사고와 적절한 언어의 사용'에서는 하나하나의 판단 속에 '모든'이라든지 '어떤'이라는 말이 포함되어 있을 때에는 판단과 판단의 관계가 약간 복잡해진다는 것을 알았습니다. 그렇다 하더라도 원을 그려 풀어 나가면 어떠한 결합 방식이 옳은지를 분별할 수 있다는 것도 익혔습니다. 또한 두 가지 판단의 조합으로 이루어진 전제로부터 제3의 결론을 이끌어 내는 방법도 익혔습니다.

이러한 것으로부터 알 수 있는 것은 (복잡한 관계를 나타내는 술어가 포함되어 있는 판단은 별개로 하고) 아무리 복잡하게 보이는 판단일지라도 천천히 관계의 실마리를 더듬어 가면, 반드시 참인지 거짓인지를 단정할 수 있다는 점입니다. 물론 제가 모든 경우를 실제로 행해 본 것은 아니지만, 어떤 방법으로 단정을 지을까에 대해 말씀드렸습니다. 이 방법에는 각기 다른 다양한 방법이 있습니다.

이 책에서는, 제1의 경우에 다음과 같은 방법을 취했습니다.

아무리 복잡한 판단일지라도, 결국 기본이 되는 하나하나의 단순한 판단은 '그리고' '또는' '이면' '아니다' 라는 네 가지 말로 연결되어 있기 때문에 기본이 되는 판단이 참인지 거짓인지를 생각하면서 네 가지 말의 결합 규칙에 비추어 차근차근 단정을 지어 간다.

또한 제2의 경우에는 다음과 같은 것을 익혔습니다.

'모든' 과 '어떤' 이라는 말을 여러분이 쉽게 알 수 있도록 '전체' 와 '일부분' 으로 생각하여, 두 개의 원을 일부분만 교차시키거나 한쪽을 다른 쪽에 포함시키기도 하고 완전히 떨어지게 그리기도 하여 눈으로 봐서 자연히 알 수 있게끔 한다.

잠깐 앞에서 언급했던 것처럼 '모든' 이나 '어떤' 을 '존재하지 않는다' 와 '존재한다' 라는 식으로 파악하면, '모든 S는 P이다' 는 'S이면서 P가 아닌 것은 없다' 와 같고, '어떤 S는 P이다' 는 'S이면서 P인 것과 같은 것이 있다'와 같으므로, 제1의 경우와 같은 네 가지 말의 규칙을 이용해서 '존재한다(무언가가 있다)'와 '존재하지 않는다(아무것도 없다)'라는 새로운 말을 덧붙인다면, 제1, 제2의 경우 모두 같은 종류의 방법으로 참이나 거짓을 단정 지을 수 있습니다. (이 방법이 학문을 하는 사람에게는 편리하지만, 원을 그려 단정 짓는 쪽이 여러분에게는 알기 쉬울 거라고 생각합니다.)

규칙의 고마움

이와 같이 출발점을 이루는 기본이 되는 것(단위 또는 요소)이 정해져 있고, 게다가 그것들을 결합하는 규칙이 확실히 세워져 있다는 것은 아주 편리한 일입니다.

여러분이 무언가를 탈 때, 예를 들어 최저운임이 500원(단위에 해당)으로 정해져 있고, 거기에 한 구간이 늘면 2배가 되고, 세 구간이 늘면 3배, 네 구간이 늘면 기본의 4배라는 규칙을 알고 있으면, 다섯 구간까지 가는 데에 2,500원을 지불하면 된다는 것을 금방 알 수 있습니다.

만약 최저운임이 정해져 있지 않다거나 또는 그 이후의 승차 거리와 운임 추가 방법의 비율이 정해져 있지 않다면, 여러분이 하차할 때 얼마를 지불해야 할지 모를뿐더러 어느 누구도 지불 금액에 대해서 확실히 단정 지을 수 없을 것입니다.

일반적인 운임의 경우, 운임이 증가하는 방식의 규칙은 아주 단순하며 누구나 바로 알 수 있습니다. 그러나 예를 들어 이것이 세금의 액수를 정하는 일과 같이 복잡 세세한 것이라면 아주 까다로워집니다. 하지만 규칙은 엄연히 법률로 정해져 있기 때문에 이에 따라 계산해 가면 얼마의 세금이 부과될지 확실히 알 수 있습니다.

이런 식으로 해 나가면 모든 일을 정할 때 모호함은 없어지고, 부정도 없어집니다. 또한 터무니없이 이득을 보거나 손해를 보는 일도 없어지기 때문에 여행하기 위해 돈을 얼마나 가지고 가면 좋을지, 앞으로 해야 할 일은 무엇인지에 대한 계획을 세울 수가 있습니다.

기계 장치라는 것의 의미

그런데 이러한 규칙이 확실히 정해져 있다는 것은 모든 것이 기계 장치로 움직인다는 의미입니다. 이것은 실제로 그러한 일을 하는 기계를 모두 만든다는 의미는 아닙니다. 단지 기계를 만들어 이 기계를 돌리게 하는 일이 이치적으로 가능하다는 것입니다.

흔히 "기계적으로 사물을 단정 짓는다."든지 "기계적으로 사물을 생각한다."고 말합니다. 이것은 좋은 의미와 나쁜 의미 두 측면에서 쓰입니다. 말하자면 그것은 "모든 사람이 인정하는 규칙에 따르고 있기 때문에 결코 자기만의 편의나 오만함으로 하는 것은 아니다."라는 것과 동시에, 한편으로는 "정해져 있는, 누구나 할 수 있는 너무나 당연한 일밖에 하지 않는다. 그 이상의 일은 하지 않는다."와 같은 경멸을 의미하기도 합니다. 왜냐하면 기계라는 것은 인간이 만들어 부여한 규칙은 제대로 시키지만, 뭔가 새로운 상황이 발생하여 이전의 규칙으로는 해결이 안 될 때 규칙을 일부 바꾸거나 새로운 규칙을 만드는 일이 불가능하다고 여기기 때문입니다.

그러나 지금은 예전과는 상당히 다른 역할을 하는 기계를 만들고 있습니다. 이러한 기계는 새롭게 일어난 주변의 변화를 곧바로 파악하고 스스로에게 주어진 일을 완수하기 위해서 지금까지의 규칙을 따라 해서는 안 된다는 것을 알 수 있습니다. 또한 좀 더 나은 새로운 규칙을 만들 수 있는, 좀 더 큰 규칙에 따라 설계되어 있습니다.

흔히 말하는 '인공두뇌'나 '전자계산기' 등은 엄청나게 발달한 수학이나 전자공학 덕분에 이러한 역할을 사람 이상으로 훌륭하게 수행하는 경우입니다. 달로 가는 로켓 속에도 이러한 장치가 들어 있습니다.

영국의 어떤 과학자는 이러한 구조를 이용하여 지금까지 누구에게도 지지 않는 '체스 두는 기계'를 만들었습니다. 또 어떤 학자는 비교적 단순한 환경 속에서 동물이나 사람이 하는 행동과 어떤 면에서 아주 유사한 행동을 하는 조그마한 기계를 두 개 만들어, '생각하는 기계 엘머와 엘시'라는 이름을 붙였습니다. 엘머와 엘시는 촛불의 빛이 있는 곳으로 가기 위해 그 사이에 있는 다양한 장애물을 피합니다. 다른 말로 하면, 촛불의 빛이 있는 곳으로 가는 목적에 부합하는 행동을 합니다. 또한 내장된 전지가 다 닳기 전에 미리 정해져 있는 전지 보급소로 돌아와 전지를 충전하는 식의 행동을 합니다.

사람도 처음부터 스스로 새롭게 만들 수 있는 규칙 같은 것을 가지고 태어나는 것은 아닙니다. 생명을 연장하기 위해 제일 중요한 몸의 다양한 구조는, 태어났을 때에 그야말로 규칙에 맞게 움직이도록 되어 있습니다. 그리고 사물을 생각할 경우에도 전혀 규칙 없이 생각하거나 말하는 것이 아니라, 지금까지 말씀드린 것과 같은 규칙에 따라 합니다.

따라서 사람과 기계의 비교가 문제가 될 때 언제나 발생하는 감정적인 편견이나 새로운 이상에 대한 신념이 뒤엉킨 논쟁은 그만두기로 합시다. 다만 한 가지 분명하게 말할 수 있는 것은 새로운 자동 기계나 사람의 경우 둘 다, 단지 한 종류의 역할밖에 하지 못하는 단순한 규칙이 아니라 목적에 부합하는 행동을 하기 위해서 선택을 하거나 복잡하고도 범위가 넓은 규칙을 만들기도 하고, 이미 있을 것으로 여겨질 때에는 발견해 내는 일도 필요하다는 것입니다.

이것은 인간의 학문에 있어서도 중요한 일입니다. 앞에서도 말씀드린 그리스의 철학자 아리스토텔레스는 '학문이 없는 단순한 기술'과 '학문'의 구별에 대해 다음과 같은 말을 했습니다. "단순한 기술은 이렇게 하면 이렇게 된다는 것을 알기만 하면 되지만, 학문이라는 것은 왜 이렇게 하면 이렇게 되는지를 아는 일이다."

아리스토텔레스는 '왜'라는 것을 문제로 삼는 지식을 '원리로부터 아는 법'이라고 했습니다. 이것은 가장 확실하고도 가장 기본이 되는 지식(원리)을 출발점으로 하여, 그 밖의 다양한 지식을 이것과 관계 지어 분명하게 하는 일입니다. 그리고 어떤 사람이든 이 관계가 제대로 된 규칙을 따르고 있음을 알면, 이 규칙이 될 수 있는 한 단순하다면, 이 규칙에 적용되는 것은 뭐든지 손쉽게 할 수 있습니다. 말하자면 이것은 지식이나 학문에서의 민주주의와 같습니다.

아리스토텔레스가 논리학에 매혹되어 이 삼단논법의 다양한 규칙을 거의 완벽에 가까울 정도로 만들어 냈다고 하는 것은 그의 이상 중 하나를 실현한 것이라 할 수 있습니다.

'기계 장치'라는 것은 아리스토텔레스의 사고와 같은 것입니다. 말의 힘이 다른 만큼 "사람은 원리를 가지고 생활하지 않으면 안 된다."라든지 "그는 언제나 신념에 따라 행동한다." 등과 같은 말도 말하고자 하는 핵심은 '기계 장치'와 같은 것입니다.

룰루스의 기계

단위가 정해져 있고, 단위와 단위를 연결하는 규칙이 정해져 있기 때문에 '기계 장치'로 모든 것을 할 수 있다는 생각은, 특히 앞에서 말한 데카르트나 라이프니츠, 파스칼 등으로부터 알 수 있었습니다.

만약 우리가 사물을 확실한 규칙에 따라 생각하고 있다면, 그러한 규칙에 따라 움직이는 기계를 만들어 이른바 기계에게 생각을 하게 해 보면 되지 않을까라고 생각한 사람이 있었습니다. 그가 바로 데카르트나

라이프니츠보다 앞선 12세기 초 스페인의 팔머라는 곳에서 태어난 라이문두스 룰루스라는 사람입니다.

룰루스는 어렸을 때에는 왕의 시중을 들었고, 후에는 궁정에서 세력 있는 지위에 올랐습니다. 모든 일에 아주 열심인 사람이었습니다. 또한 그는 처음에는 그리스도교 신도가 아니었지만, 우연한 계기로 그리스도교에 입문해서 아주 열성적인 신자가 되었습니다. 그는 세력을 떨치던 아라비아의 회교도들에게 어떻게 해서든 그리스도교의 가르침이 옳다는 것을 납득시키고자 했습니다. 결국 어떻게 하면 가장 좋을지를 여러 가지로 생각하던 중에 그는 한 가지 좋은 방법을 발견했습니다. 그 방법이란 간단하게 말해서 다음과 같습니다.

우선, 크기가 다른 몇 개의 원을 만들어 각 원의 가장자리를 구획 짓습니다. 그리고 여기에 그리스도교에서 진리라고 생각하는 말을 적어 넣어, 각 원의 중심을 겹쳐 회전하도록 합니다. 그렇게 해서 한가운데의 작은 원을 돌리면 여러 가지 말의 조합이 만들어집니다. 이렇게 하여 그는 그리스도교의 가르침에 기초하여 어떠한 문제에 대해서도 올바른 판단을 기계로부터 얻을 수 있다고 생각했습니다.

이러한 장치는 누구나 만들 수 있는 간단한 것이지만, 룰루스는 이것을 그리스도교의 가르침에 관한 학문과 결부시켰다는 점에 특징이 있습니다. 이런 식으로 기계 장치로 답을 얻는 것은 그 기계가 잘못 설계되거나 고장이 나지 않는 한, 반드시 신뢰를 얻습니다. 15892+36289=?를 암산하는 것보다도 주판이나 전자계산기로 답을 얻는 쪽이 확실할 것입니다. 룰루스도 이와 같은 것을 노렸습니다. (중국이나 한국에서 하고 있는 역술 등도 이것과 유사합니다.) 물론 룰루스는 이러한 방법, 즉 우리들 사고의 조합(논리의 규칙)이 왜 두 개의 원을 빙글빙글 돌렸을 때의 조합과 같게 되는가에 대해 아무것도 깊게 생각하고 있지 않습니다. 하지만 사람의 생각도 어떤 규칙에 따른 조합이라는 점을 실례로 보여준 것이었기에, 이후 라이프니츠나 파스칼(탁상 계산기를 생각해 냄) 등에게도 영향을 미쳤습니다.

논리와 전기 회로

그러나 우리의 사고를 실제로 기계 속에 반영하기 위해서는 우리의 사고 규칙과 동일한 규칙이 기계 속에서도 작동해야 하고, 그에 따라 기계가 어떤 말로부터 다른 말을 이끌어 낼 수 있어야 합니다. 기계 속의 언어는 사람의 언어와 동일하지 않더라도 괜찮기 때문에 실제로는 전기의 펄스나 그 이외에 기계가 좀 더 다루기 쉬운 기호를 쓰고 있습니다. 다른 말로 하면, 하나하나의 우리의 판단을 복잡하게 결합시키는 '아니다' '그리고' '또는' '이면' 등과 같은 말의 작용과 동일한 작용을 하는 장치가 기계 속에서도 작동해야 한다는 것입니다. 실제로 이러한 기계 장치는 예전부터 쓰고 있었습니다. 그러나 그것이 논리 속에서의 결합 방식('아니다' '그리고' '또는' 등)과 동일한 작용을 한다는 사실이 알려진 것은 최

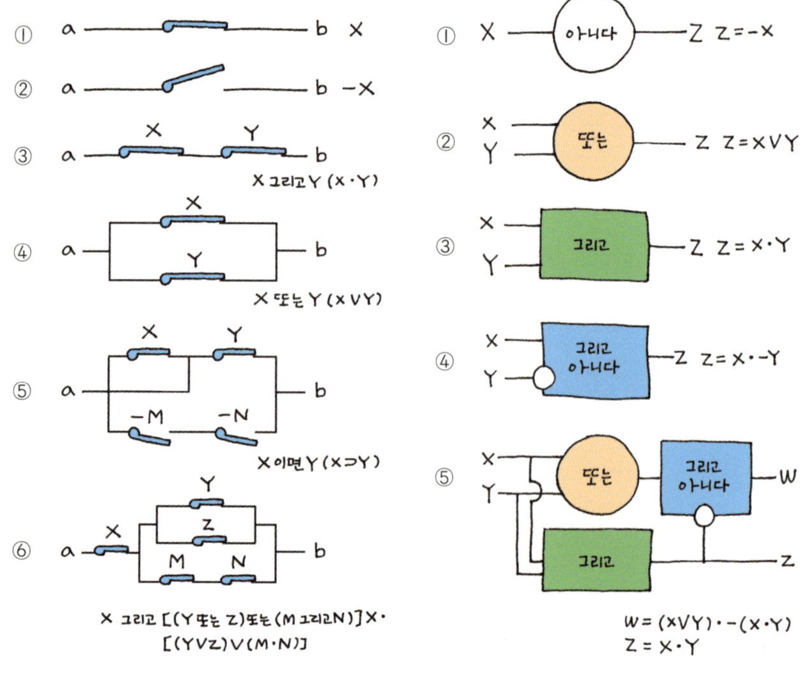

A. 유선의 접점을 이용한 개폐 회로　　**B. 전자적인 진공관을 이용한 개폐 회로**

근의 일입니다.

위의 그림을 보시기 바랍니다. 이것은 전기 기계의 신경이라고 할 수 있는 전기 회로의 배선입니다.

A의 각 그림은 일반 전선의 중간에 X나 Y라는 스위치가 있는 경우입니다. X 스위치가 ①과 같이 닫혀 있고 전류가 흐르는 경우를 X로 하고, ②와 같이 스위치가 열려 있고 전류가 흐르지 않는 경우를 -X로 합시다. ③과 같은 경우에는 a와 b 사이에 전류가 흐르기 위해서는 X와 Y가

동시에 닫혀 있지 않으면 안 됩니다.(X 그리고 Y)

④의 경우, X나 Y의 어느 한 쪽이 닫혀 있으면 a와 b 사이에 전류가 흐릅니다.(X 또는 Y) ⑤에서는 X와 Y 스위치가 닫혀 있으면 반드시 M과 N의 스위치가 열리고, M과 N이 닫혀 있으면 X와 Y가 반드시 열려 있게끔 되어 있습니다. 그렇게 하면 X일 경우에는 반드시 $-M$이기 때문에 전류가 흐르기 위해서는 어떻게든 Y가 되지 않으면 안 됩니다. $-X$일 때에는 중앙에 또 하나의 회로가 있기 때문에 Y이든 $-Y$이든 상관없으므로 'X이면 Y'라는 표현의 의미와 동일하게 됩니다. ⑥과 같은 약간 복잡한 명제의 결합도 그림과 같은 회로의 작용과 마찬가지입니다.

A에 나타낸 것은 유선의 경우이기 때문에 이러한 것은 전선에 흐르는 전류의 경우뿐만 아니라 a와 b 사이를 흐르는 물, 또는 a와 b 사이에 있는 문이나 다리의 경우를 생각해 보더라도 마찬가지입니다.

B의 각 그림은 전선 속에 흐르는 전류의 여닫힘이 아니라, 전압이나 전류의 크기에 따라 일어나는 파형(펄스)을 전달하는 경우로, 그림에는 그리지 않았지만 실제로는 다양한 진공관을 이용한 회로입니다. ①은 원으로 나타낸 부분에 어떤 종류의 진공관 회로를 달면, X로부터 들어온 양의 펄스는 음의 펄스가 됩니다. 좀 더 쉽게 말하면 X에 전달된 것과 반대의 것이 Z에서 나옵니다. 따라서 Z= $-X$라는 식과 동일한 의미에 해당합니다. 이것을 부정의 회로라고 부르는데 '아니다'라는 말과 같은 의미의 작용을 합니다.

②는 원으로 나타낸 부분에 어떤 종류의 진공관 회로를 단 후, X나 Y

어느 하나, 또는 둘 다에 양의 펄스가 오면 Z에 양의 펄스가 전달됩니다. 따라서 Z=X∨Y이며, '또는 회로'라고 합니다. ③은 X와 Y 둘 다에 양의 펄스가 왔을 때만 Z에 양의 펄스가 일어나는 구조로 Z=X·Y, '그리고 회로'라고 합니다. ④는 '그리고 회로'의 일부에 '아니다 회로'를 집어 넣은 것으로 X에 양, Y에 음의 펄스가 일어났을 때에만 Z에 양의 펄스가 발생합니다. 따라서 Z=X·−Y와 같이 나타낼 수 있습니다. ⑤의 회로는 기초가 되는 이러한 회로를 조합한 것으로, 그림 속에 나타낸 논리의 식과 같은 작용을 하는 회로입니다.

이러한 논리와 전기 회로의 관계를 발견한 것은 나카지마 아키라라는 일본의 학자로, 태평양전쟁이 시작되기 5년 전인 1936년에 이 사실을 세상에 발표했습니다. 그로부터 2년 후, 미국에서도 클로드 섀넌이라는 학자가 똑같은 것을 연구했습니다. 그 이후 점차 자동제어장치를 이용한 전기 기계가 발달해서, 이들 기계의 중요한 부분에 쓰이는 복잡한 회로를 나타내거나 정리하는 일에 논리학이 이용되고 있습니다.

뇌신경과 전기 회로

인간의 뇌도 수없이 많은 신경 세포로 이루어져 있고, 이들 하나하나의 신경 세포 끝이 나뭇가지처럼 미세하게 갈라져 다른 신경 세포와 이어져 있습니다. 자극이 신경을 거쳐 가는 것은 아주 미미하기는 하지만,

역시 전기의 펄스인 것으로 알려져 있습니다. 따라서 신경 세포끼리의 연락 방식도 전기 회로와 같은 성질의 것이 아닐까라고 생각할 수 있습니다. 분명히 신경 세포의 어떤 것은 '아니다 회로'와 마찬가지로, 흥분하면 다음 신경 세포의 작용을 막는다는 것도 밝혀졌습니다. 실제로 신경 세포의 결합은 훨씬 더 복잡해서 162페이지의 전기 회로와 같이 단순하지 않습니다. 다만 이러한 논리학과 전기 회로가 하나의 사고 모델이 되어 점점 더 발전된 연구의 길을 열어 간다는 사실은 흥미로운 일입니다.

인간이 사물을 생각하는 것도 결국 대뇌의 작용입니다. 이 대뇌 신경 세포의 작용이 전기 회로의 작용과 같다고 한다면, 인간의 사물에 대한 생각을 전기 기계에 비추어 보려고 하는 것은 당연할 것입니다. 실제로 전자계산기는 우리가 머리로 계산하는 작용을 우리들보다 훨씬 더 잘해 주고 있습니다. 또한 인간이 머리로 어떤 것을 생각하여 하는 행동과 똑같이 복잡한 행동을 하는 기계도 점차 연구되고 있습니다.

앞에서 말한 것처럼, 기계 장치로 논리적인 사고를 하기 위해서는 단위와 그것이 작용하기 위한 규칙이 확실하게 정해져 있지 않으면 안 됩니다. 따라서 논리학 중에서도 말이나 문장을 연결하는 규칙이 확실하게 서 있는 부분은 기계에 반영할 수 있습니다. 현재 논리학 중에서 이러한 규칙이 적용되는 것은 주로 3장 '사물을 올바르게 인식하기 위한 논리'에서 말씀드린 것처럼, 명제를 하나하나 기호로 바꿔 그 관계를 계산하는 경우라든지, 또는 4장 '논리적 사고와 적절한 언어의 사용'에서 말씀드린 삼단논법의 경우입니다.

논리 기계

1947년, 미국 하버드대학에서 있었던 일입니다. 그곳에서 퀘인이라는 저명한 논리학 교수의 강의를 듣고 있던 베커드와 카린이라는 두 학생은 교수님이 매시간 내는 성가신 논리 계산 문제를 스위치 하나로 풀어 주는 기계를 만들기로 결심했습니다. 앞에서 말한 섀넌의 논문 등을 읽고, 둘이서 150달러를 들여 이러한 기계를 만들어 냈습니다. 물론 이것은 보통 계산기와 달리 그다지 실질적인 도움을 주지 못해서 지금은 베커드의 집에 고스란히 모셔져 있습니다.

삼단논법을 기계 장치로 해결하려는 생각은 지금껏 두세 명의 논리학자에 의해 진행되어 왔습니다. 이것은 그다지 어렵지 않은 간단한 카드식의 방법으로도 가능합니다. 그중에서도 가장 간단한 것을 참고로 소개할 테니, 만약 여러분 중에 호기심이 생기는 사람은 직접 카드를 오려서 해 보시기 바랍니다. (169페이지에 있는 카드는 미국의 가드너라는 사람이 생각한 것입니다.)

또한 마찬가지로 미국의 칼버트슨이라는 학자는 전자 회로를 써서, 대뇌의 신경 세포를 머리에 떠올려 가며 좀 더 그럴싸한 삼단논법 기계의 모델을 만들었습니다.

삼단논법은 대전제, 소전제, 결론의 세 부분으로 구성되어 있습니다. 그리고 대전제와 소전제 속에 하나의 공통된 말 M이 있다는 것은 앞에서 말씀드린 그대로입니다. 그러나 M이 주어가 될지 술어가 될지에 따라,

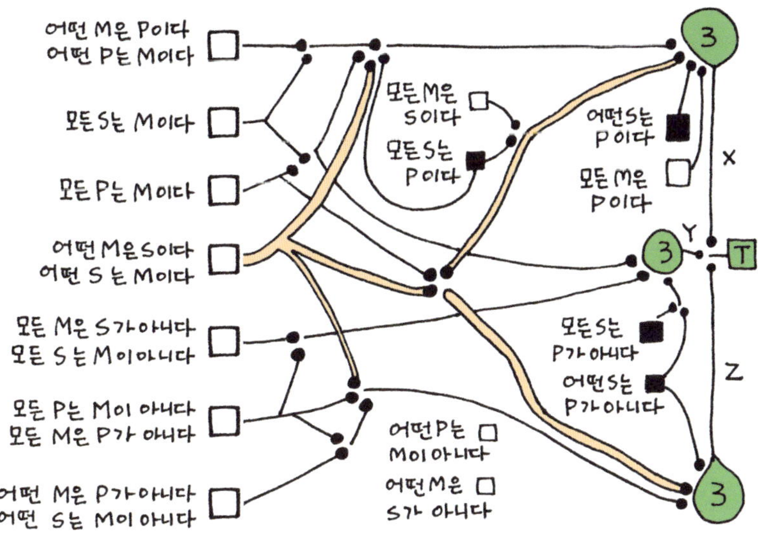

(칼버트슨, 《숫자 장치를 위한 논리학과 수학》에서)

칼버트슨이 고안한 삼단논법의 신경망 모델

또한 세 개의 판단이 각기 '모든' 일지 '어떤' 일지 긍정일지 부정일지에 따라 256가지의 경우가 있습니다. 이 중에서 24가지의 경우만이 올바른 삼단논법이고, 예로 든 기계 장치의 방식은 이러한 24가지의 경우를 가려내기 위한 것입니다.

칼버트슨의 그림에서는 □는 전제를, ■는 결론을 나타내고 있습니다. 2개의 □와 1개의 ■을 눌렀을 때, 올바른 삼단논법이라면 T 부분에 펄스가 일어나게끔 되어 있습니다. ☞은 '아니다 회로'로, 이것이 흥분했을 때는 −1의 작용을 합니다. 또한 ③이라고 되어 있는 부분은 세 개의 선이 함께 흥분하지 않으면 펄스를 보내지 않게끔 되어 있습니다.

이 외에 영국의 튜링이라는 사람은 실질적으로는 도움이 되지 않지만, 과연 '기계 장치'라는 것으로 어떠한 일이 가능한지를 시험할 수 있는 좀 더 복잡한 기계 모델을 생각했습니다. 이것은 '기계 장치'라든지 '논리적'이라는 말의 의미를 확실히 하는 데에 여러 가지 흥미로운 문제를 생각하게 하였습니다.

앞으로는 '기계 장치'나 '논리적'이라는 말의 의미가 더욱더 분명해질 것입니다. 그리고 우리의 사고와 삶의 방식, 물질의 존재 방식 등의 관계도 점점 더 확실히 알 수 있게 될 것입니다.

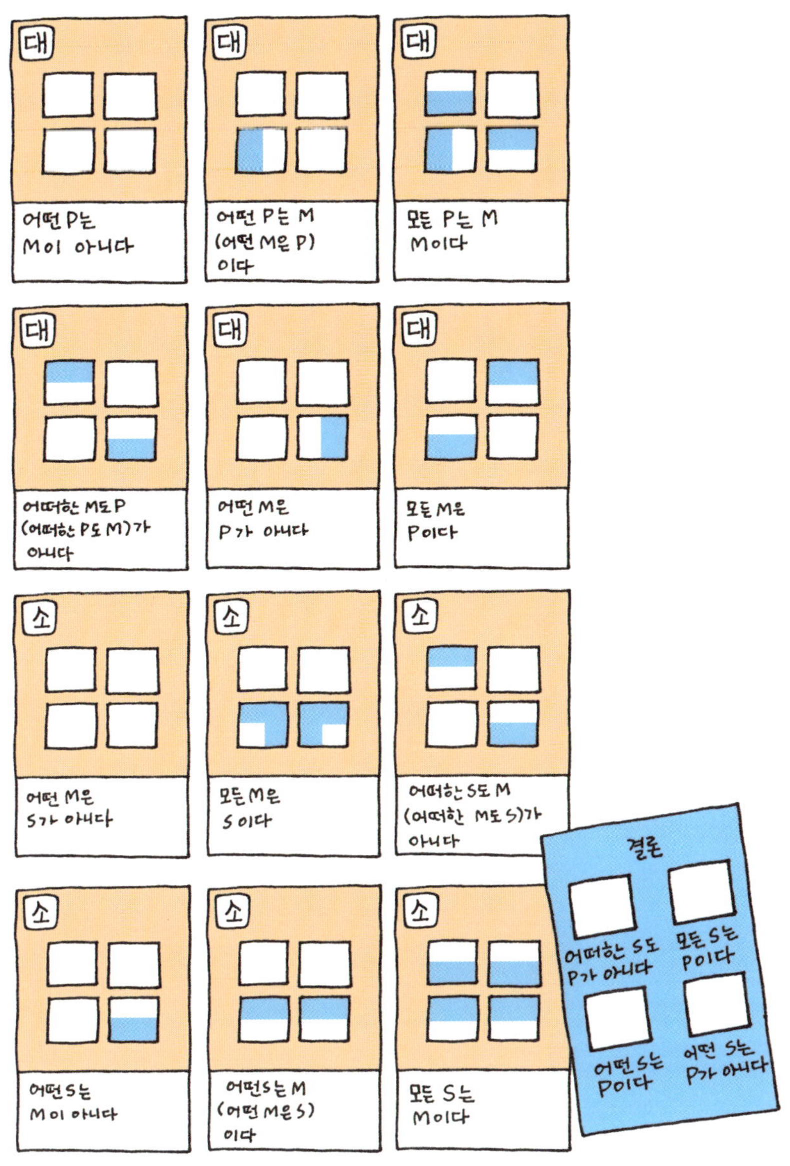

삼단논법이 타당한지 아닌지를 아는 가장 간단한 기계적인 방법(《사이언티픽 아메리칸》에 실린 가드너의 '논리 기계'에서)

6

무엇을 절대적 참 또는
거짓이라고 하는가

뼈대만 있는 세상

지금까지 익힌 것은 우리가 다양한 사물을 실제로 생각할 때 뼈대와 같은 것이었습니다. 우리는 '단풍이 붉다'나 '개가 달리고 있다'와 같은 간단한 문장 또는 판단이 무엇을 나타내고 있는지, 그것이 정말인지 아닌지 등과 같은 것은 생각하지 않고 왔습니다. 따라서 우리는 이들 문장이나 판단을 내용이 없는 p라든지 q라는 기호로 바꿔 왔습니다.

또한 판단 속의 주어나 술어가 문제가 되었을 때에도, '모든'이나 '어떤' 또는 '아니다' 등의 말로 표현되는 주어와 술어 사이의 관계(주어를 나타내는 원과 술어를 나타내는 원의 관계)만이 중요했습니다. 따라서 주어나 술어가 무엇을 의미하는지는 전혀 문제가 아니었기 때문에 주어에 오는 것을 S, 술어에 오는 것을 P라는 기호로 나타냈습니다.

우리가 문제로 삼은 말은 기껏해야 다음 정도입니다.

'아니다'

'그리고'

'또는'

'이면'

'모든' 또는 '……가 없다'

'어떤' 또는 '……가 있다'

따라서 우리가 지금껏 배운 세계는 아래의 표로 나타낼 수 있었습니다.

우리는 ▨이나 ☐이 실제로 어떠한 판단인지, △며 ○며 □에 어떠한 말이 쓰이고 있는지 등은 전혀 생각하지 않았습니다.

따라서 지금부터는 뼈대에 살을 붙이지 않으면 안 됩니다. 거기에서 우선 첫째로 ▨며 ☐며 ○ 등 대신에 '단풍이 붉다'라든지 '바다가 푸르다' 등과 같은 문장에 나타난 판단이 실제로 정말인지 아닌지를 생각해 보지 않으면 안 됩니다.

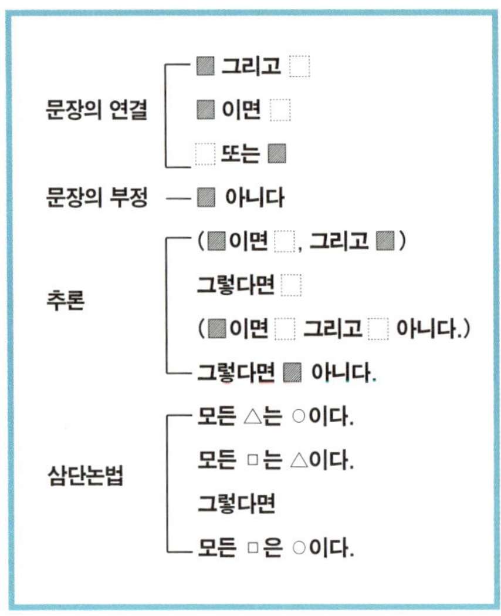

실제의 지식

"모든 인간은 자유다."라는 것은 과연 무엇을 의미할까요? 또한 "모든 인간은 자유다."라는 것은 정말일까요? 만약 정말이라면, 어떻게 해서 우리가 그것이 정말이라는 것을 알 수 있을까요?

실은 이러한 문제에 분명한 답이 있을 거라고 여러분은 은근히 기대하고 있을지도 모릅니다. 아마도 여러분에게 "(p이면 q이다. 그리고 p이다.) 따라서 q이다." 등과 같은 말은 재미없기 때문에, 가장 원하는 것은 "모든 인간은 자유인가?" 또는 "우리는 과연 자유인가 어떤가?"라는 것에 대한 확실한, 누구도 의심할 수 없는 답일 것입니다.

그러나 유감스럽게도 우리는, 이러한 문제에 대해서 지금껏 말씀드린 것과 같은 확실한 사고의 규칙을 가지고 있지 않습니다. 모든 사람이 인정하지 않으면 안 되는 확실한 규칙에 비추어, '이것은 참이다' '이것은 거짓이다' 라고 말할 수 있는 그러한 세계는 실제로 뼈대만 있고 내용은 없는, 형태만의 세계입니다. 앞으로 우리가 들어가고자 하는 세계는 확실한 것은 없고, 모든 것이 많든 적든 어렴풋한 세계입니다.

유령은 있는가 없는가

지호는 유령이 어딘가에 있다고 믿고 있습니다. 그러나 은호는 유령 따위는 어디에도 없다고 생각하기 시작했습니다. 만약 두 사람이 이 문제로 논쟁을 시작했더라도 어느 쪽이 옳고 어느 쪽이 틀렸는지, 지금까지 말씀드린 사고 규칙의 경우와 같이 확실하게 단정하는 것은 불가능합니다. 게다가 은호는 우주의 곳곳을 실제로 찾아다녀 본 것도 아닙니다. 은호의 주장을 좀 더 정확하게 표현하면, "내가 지금까지 찾아본 곳에서는 유령 따위는 없었다. 그리고 내가 아직 찾아보지 않은 곳에서도 당연히 있을 리가 없다."고 해야 할 것입니다. 또한 지호도 실제로 유령을 만났을 가능성은 없으므로 "내가 지금까지 아는 바로는 유령은 없다. 하지만 내가 아직 찾아보지 않은 곳에 분명히 있을 것이다."라고 하지 않으면 안 될 것입니다.

따라서 은호와 지호는 유령이 있는가 없는가에 대해 현재 동일한 지식밖에 가지고 있지 않습니다. 그러나 만약 앞으로도 계속 찾아본 후 은호는 "역시 없는 게 분명해."라고 생각하고, 지호는 "아냐, 어딘가에 있는 게 분명해."라고 생각할 것입니다. 두 사람의 의견 차이는 '있다' '없다'와 같이 확실한 것이 아니라, '아마 있을 것이다' '아마 있을 리가 없다'와 같이 개개인의 추측이 긍정과 부정의 형태로 나타난 것뿐입니다.

이것이 만약 두 사람의 방에 의자가 있는가 없는가와 같은 논쟁이라면, 두 사람의 집에 누군가가 가 보면 확실한 답이 나옵니다. 그러나 이 경우에서도 은호가 의자라고 생각하는 것을 지호는 의자가 아니라고 생각할지도 모릅니다. 그렇게 되면 같은 것을 보고 있더라도 은호는 의자가 있다고, 지호는 의자가 없다고 생각할 게 틀림없습니다. 이러한 의미의 해석 차이는 자주 일이납니다.

따라서 우리는 어떤 것의 의미는 서로가 확실하게 알고 있지만, 그것이 참인지 거짓인지를 확실히 단정할 수 없는 경우를 생각해 봅시다.

확실성에 대하여

미래의 일에 대한 우리의 지식은 절대적으로 참이라든지 거짓이라고 말할 수 없습니다. 직접 볼 수도 만질 수도 없는 먼 곳의 사물에 대한 지식도 마찬가지로 절대적으로 확실하다고는 말할 수 없습니다. 이들은 모두 하나같이 어렴풋할 뿐, 그렇다고 해서 확실하지 않은 것은 아닙니다.

내일 학교에 가면 오늘 본 것과 동일한 학교 건물이 서 있을 것이라고 생각하는 것은 거의 확실합니다. 그러나 '내일 후지산이 폭발할 것이다'라는 것은 거의 생각할 수 없습니다. 어느 쪽이든 절대적으로 참이나 거짓이라고 할 수 없지만, 한쪽은 좀 덜 확실하고 다른 한쪽은 좀 더 확실하다고는 할 수 있습니다.

만약 여러분이 파리의 에펠탑이 부러졌다는 내용의 신문기사를 본다면, 아마 정말이라고 생각할 것입니다. 그러나 평소에 사람 속이기를 좋아하는 이웃집 형이나 오빠가 히죽히죽 웃으면서 "파리의 에펠탑이 두 동강이 났대."라고 한다면, 그다지 믿고 싶은 마음이 들지 않을 것입니다.

　이와 같이 어떤 것에 대해서 절대적으로 참이라든지 거짓이라고 할 수 없더라도, ‘좀 더 진짜 같다’ ‘반 정도는 확실하다’ ‘그다지 믿기지 않는다’ 등과 같이 구별을 지을 수는 있습니다. 또는 ‘100% 정말이다’ ‘30% 정도는 정말이다’ 등과 같이 숫자를 써서 확실성의 정도를 구별할 수도 있습니다. “내일도 해는 동쪽 하늘에서 뜬다.”라는 것은 99.9999……% 정도 확실합니다. 그것은 거의 절대적으로 확실하다고 할 정도로 확실합니다. 하지만 그렇다 하더라도 우주에 어떠한 이변이 있을지 모르기 때

문에 거의 참인 것도 거짓이 될 가능성이 있습니다. 이것은 만약 그러한 일이 일어나디라도, '(p이면 q이다. 그리고 p이다.)라고 하면 q이다' 라든 지 '2+2=4' 라는 것이 거짓이 될 수 없는 것과는 역시 다릅니다.

확실성의 이유

그렇다면 어떠한 이유로 어떤 것은 좀 더 확실하다고 생각하고, 다른 어떤 것은 그다지 확실하지 않다고 생각하게 되는 것일까요?

이것은 아주 어려운 문제이기 때문에 어느 누구도 완전한 답을 내리지 못할 것입니다. 극히 당연한 일일 경우에는 지금까지의 경험과 비교를 통해 단정합니다.

어제 아침, 학교 가는 길에 늘 지나는 집 앞에 녹색 자동차가 서 있었습니다. 어제도, 그저께도, 또한 그끄저께도 마찬가지였습니다. 따라서 '오늘 아침에도 아마 그 집 앞에 녹색 자동차가 서 있을 것이다. 지금까지 똑같은 일이 계속해서 일어났기 때문에 그것과 같은 일이 앞으로도

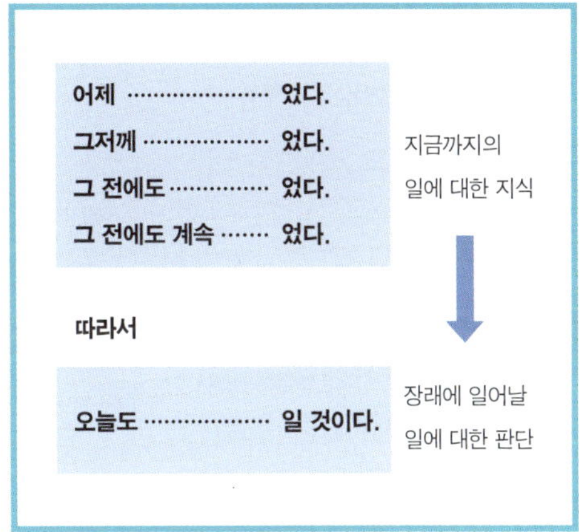

일어날 것이다.' 라고 생각할 수 있습니다.

그러나 이 '따라서' 가 앞에서 나온 삼단논법의 '따라서' 만큼 확실치 않음은 곧바로 알 수 있습니다. 앞에서 나온 '따라서' 는 절대적으로 틀림없다는 것을 보증해 주지만, 이 경우의 '따라서' 는 절대적은 아닙니다. 하지만 만약 내가 학교에 가기 전에 '그 집이 어젯밤 화재로 불탔다' 라는 새로운 정보를 친구로부터 들었다고 합시다. 그렇게 되면 '그 집이 화재로 불탔다면, 아마 자동차는 어딘가 다른 곳에 두었을 것이다' 라는, 절대적으로 확실하다고는 말할 수 없지만 아마 그럴 것이라는 판단을 지금까

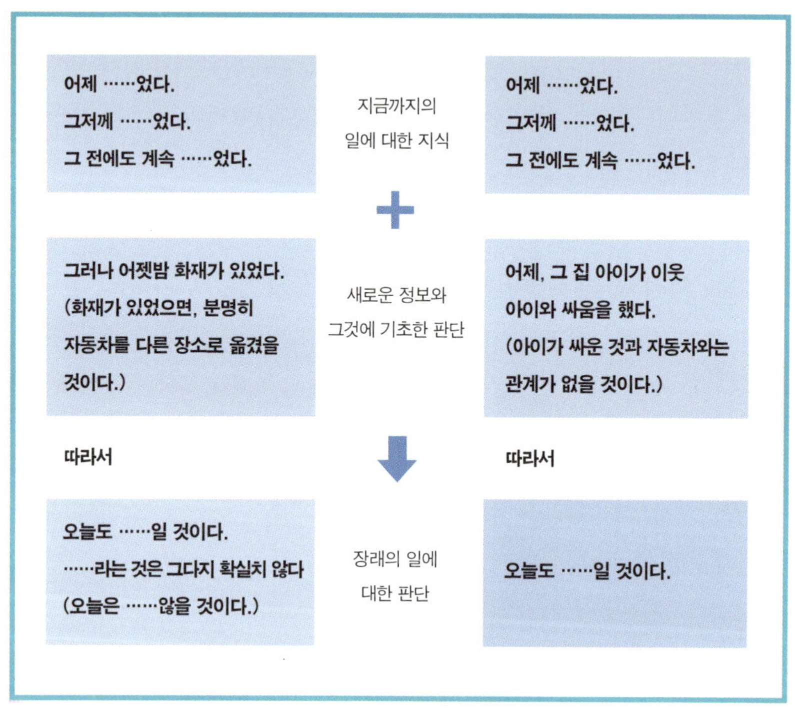

지의 경험에 비추어 생각할 것입니다. 그러나 학교에 가기 전에 내가 얻은 새로운 정보가 '그 집 꼬마가 어제 이웃집 꼬마와 싸움을 했나'와 같은 것이라면, 이러한 정보는 자동차를 두는 장소와는 아마 관계가 없을 것이라고 판단할 것입니다. 따라서 역시 오늘 아침에도 같은 장소에 자동차가 있을 거라고 생각할 것입니다.

여러분 앞에 구멍에서 희거나 검은 구슬이 연이어 나오도록 되어 있는 기계가 한 대 있다고 합시다. 그리고 구멍에서 어떤 색깔의 구슬이 나올지를 미리 맞힌다고 합시다. 어떠한 순서로 흰 구슬과 검은 구슬이 나올지는 아무도 모릅니다.

드디어 구슬이 나오기 시작했습니다. 여러분은 처음에는 멋대로 짐작하여 흰 구슬이라든지 검은 구슬이라고 말할 것입니다. 그런데 흰 구슬만 나오고 있다고 합시다. 여러분은 처음 얼마 동안은 검은 구슬도 나올 거라고 생각하여, 이따금 "다음은 검은 구슬"이라고 할지 모릅니다. 그러나 역시 흰 구슬만 계속 나옵니다. 999번이나 흰 구슬이 나왔다고 합시다. 1,000번째의 구슬에 대해 여러분은 어떻게 말할까요? 아마 "다음은 흰 구슬"이라고 할 것입니다. 왜냐하면 지금까지 999번이나 흰 구슬이었으니까요.

그런데 갑자기 여러분이 '검은 구슬은 끝날 무렵에 나온다'라고 믿기 시작했다고 합시다. 물론 그렇다고 단정 지을 수는 없기 때문에 그저 그렇게 믿는다는 것뿐입니다. 만약 여러분의 신념이 강하다면, 언제까지고 맞히지 못하더라도 "다음은 검은 구슬"이라고 말할지도 모릅니다. 실제로 흰 구슬이 이전과 같이 연이어 나오더라도 "다음은 검은 구슬"이라고 계속 말할지도 모릅니다. 뿐만 아니라 맞히지 못한다고 하더라도, 그럴 때마다 '또 흰 거였구나. 그렇다면 이번에야말로 검은 구슬이다'라고 믿는 마음이 점점 더 강해질지도 모릅니다.

확실성을 정하는 복잡한 지식

지금까지 말씀드린 다양한 예에서도 알 수 있듯이 수학 계산이나 추론 규칙의 경우와 달리, 우리가 실제 사물에 대해 가지고 있는 판단의 확실성이 어떠한 근거로 정해지는가는 아주 복잡하고도 어려운 일입니다. 그래서 한마디로 답하기가 불가능합니다.

'어떤 것이 ……이다'라는 것은 '지금껏, 어디서나 그것은 ……였다'라는 것으로부터 '그럴 것이다'든지 '정말일 것이다'라고 생각할 수 있을 것입니다. 이것은 제일 단순한 경우입니다. 하지만 그 밖에 문제가 되는 것은 직접적으로 관계가 없을 듯한 것에 대한 지식이나 정보입니다. 그러나 이것도 잘 생각해서 관계가 있다는 판단이 서면, 그것에 대한 판단의 확실성이나 불확실성을 정하는 이유의 하나가 됩니다.(녹색 자동차와 화재의 예)

물론 다른 것에 대한 지식이 그것과 관계가 있다는 판단(화재가 있었다면 틀림없이 그 집 앞에 자동차가 서 있을 리 없다는 판단)은 절대적으로 확실한 것은 아니지만, 대부분의 경우 타당하기 때문에 확실할 것 같은 지식이 됩니다. 이와 같이 단지 어떤 하나에 대한 지식의 확실성의 이유에도 우리가 다른 다양한 것에 대해 가지고 있는 확실할 것 같은 지식이 관계하고 있습니다.

'모든' 에 해당하는 법칙

다른 다양한 것에 대해 우리가 가지고 있는 확실할 것 같은 지식 중에서도 어떤 것은 아주 확실성이 있고, 다른 어떤 것은 그만큼 확실성이 없을 수도 있습니다. 아주 확실성이 있는 것 중의 어떤 것은 실질적인 것을 연구하는 학문의 차원에서는 '이론' 이라고 부르기도 하고 '법칙' 이라고 부르기도 합니다. 따라서 법칙이라고 부르는 것 중에서도 좀 더 확실한 것과 그만큼 확실하지 않은 것이 있습니다. 뉴턴의 만유인력의 법칙은 거의 절대적이라고 해도 좋을 만큼 확실하지만, 생물의 유전 법칙이나 사회의 움직임에 대한 법칙(경제의 법칙이나 역사의 법칙) 등과 같은 것은 확실하지 않을 수도 있습니다.

따라서 단지 지금까지의 경험뿐만 아니라, 확실한 법칙을 근거로 생각한 것은 그만큼 확실성이 증가하게 됩니다. '내년에는 물가가 어떻게 될 것인가' 에 대한 판단의 경우에도 단지 지금까지의 경험만으로 말하는 사람보다는 경제의 법칙을 알고 있는 사람의 판단이 좀 더 확실할 것입니다.

법칙이라는 것은 어떤 하나의 것에 대해 어떤 한 경우에만 말할 수 있는 지식이 아닙니다. 그것은 많은 사람들의 다양한 경험을 조사하고, 나아가 그 외의 좀 더 확실한 지식이나 법칙과의 관계도 생각한 후에 '모든 경우'에 적용되는 것을 말합니다.

법칙은 지금 내가 손에 들고 있는 만년필을 놓으면 아래로 떨어진다는 것을 말하는 것이 아니라, '지면 위의 모든 물체는 떠받치는 것이 없으면 지면을 향해 떨어진다'는 형태를 일컫습니다. 지금 손에 들고 있는 만년필은 지면 위의 모든 물체 중 하나이기 때문에 만약 이 법칙이 확실하다면, 제 손에서 벗어난 만년필이 지면으로 떨어질 것이라는 것도 지극히 당연한 일입니다.

그러나 만약 단 한 번이라도 제 손을 벗어난 만년필이 그대로 공중에 멈춰 있다고 한다면, 이것은 '모든'의 경우에 반하게 되므로 이 법칙은 믿을 수 없게 됩니다. 그때 여러분은 만년필이 공중에 멈춰 있는 것은 지금까지 알려지지 않은, 뭔가 다른 원인에 의한 것이 아닐까라고 생각하여 그 원인을 찾아보려 할 것입니다. 또는 지금까지의 법칙이 잘못된 것은 아닌지 의심하여 좀 더 완벽한 법칙을 찾으려고 노력할 것입니다.

어떠한 법칙이 좀 더 확실한 것일까를 정하는 것은 아주 어려운 일입니다. 그것은 어떠한 형태로 법칙을 표현할 것인가와 관계가 있습니다. 따라서 '법칙이란 무엇일까'나 '법칙이 확실하다는 것은 어떤 이유에서일까'와 같이, 누구나 하는 질문은 그다지 좋은 질문은 아닙니다. 하나하나의 법칙을 문제 삼아 조사하지 않으면, 확실한 것은 말할 수 없기 때문입니다.

잘못된 일반화

'2+2=4' 나 'p이면 q이다. 그리고 p이다. 따라서 q이다' 를 '대체적으로 참이다' '반 정도 참이다' 처럼 말하는 것은 뭔가 우스꽝스러운 일처럼 보입니다. '내일은 비가 온다' '화성에는 인류와 같은 생물이 있다' 등을 '절대적으로 참이다' '절대적으로 거짓이다'라는 식으로 말하는 것도 마찬가지라고 할 수 있습니다. 이들은 어디까지나 '어느 정도' 타당한 것이기 때문입니다.

어떤 부분에 대해 곧 전부인 것으로 말하는 잘못을 '잘못된 일반화'라고 합니다. 예를 들어 뚱뚱한 사람의 일부는 심장병에 걸리기 쉽다는 것을 뚱뚱한 사람은 모두 심장병에 걸리기 쉽다고 생각하는 경우입니다.

조금만 생각하면 이것은 누구나 알 수 있는 오류이지만, 어른이든 아이든 이러한 잘못을 범하는 일이 흔히 생긴다는 것을 이미 앞에서 말씀드렸습니다.

과학의 법칙도 모든 경우를 관찰한 것이 아니기 때문에 엄밀히 말해서 잘못된 일반화라고 할 수 있을지도 모릅니다. 그러나 앞에서 말씀드린 것처럼, 과학의 법칙을 세울 때에는 겨우 두세 번의 관찰로 법칙을 세우는 것이 아니라 좀 더 확실한 다른 법칙이나 관찰을 고려하여 주의 깊게 행합니다. 또한 그 법칙의 확실성을 시험하는 실험을 하기 때문에 경우에 따라서는 단 한 번의 관찰만으로도 '모든' 경우에 적용되는 법칙을 정확하게 이끌어 낼 수 있습니다. 그러나 우리는 일상생활에서 이러한 충분한 준비 없이 곧바로 '모든' 혹은 '절대적으로'라고 말하고 싶어집니다.

이러한 잘못된 일반화는 듣는 사람의 마음을 움직여 감동과 재미를 주는 데에 상당히 효과적입니다. "모든 공산주의자는 목적을 위해 수단을 가리지 않는 비인도적인 인간이다."라고 외치면, 이것을 듣는 누군가에게 공산주의에 대한 증오심을 북돋게 할 수도 있으며, "모든 미국인은 침략주의자다."라고 써서 내걸면, 이것을 보는 누군가에게 미국에 대한 증오심을 자극할 수도 있습니다. 만약 이것을 "어떤 공산주의자는 목적을 위해 수단을 가리지 않는다."라든지 "어떤 미국인은 침략주의자다."라는 식으로 말하면, 사람들은 "그야, 당연하지."라고 생각할 뿐입니다. 은호는 네다섯 번 명수에게 놀림을 받았습니다. 그러나 은호는 다른 사람에

게 명수는 정말로 나쁜 아이라는 것을 알리고 싶어서 "명수는 늘 나를 괴롭혀."라고 하소연합니다.

이러한 일반화는 깜박 잘못하면, 바르고 정확한 지식과 인간의 감정에 호소하는 선전을 혼동해 버리는 결과를 초래합니다.

연역논리 대 확률논리

우리가 이 세계에 대해 알고 있는 지식의 대부분은 '확실할 것 같은' 지식입니다. 그렇다면 절대적으로 참인 추론의 규칙 등을 다루는 연역논리가 실제로 도움이 될 경우는 극히 적다고 할지도 모르겠습니다. 그러나 어떤 지식이나 판단이 확실할 것 같다고 할 수 있는 것도 실은 그 배후에 확실한 형태의 추론이 있기 때문입니다.

여러분은 '일부분에 대해 언급된 것이 참이라면, 같은 것을 전체에 대해서도 언급할 수 있다' 는 판단이 확실히 잘못이라는 것을 알 수 있습니다. 왜냐하면 일부분밖에 모를 때 전체에 대해 언급하는 것은 절대적으로 참이 아니라는 것을 알고 있기 때문입니다.

또 '아침에 안개가 심하면 오후부터 날씨가 좋아진다' 라는 것이 어느 정도 참이라면, 여러분은 '오늘 아침에 안개가 심했으니까 아마 오후에는 날씨가 좋아질 것이다' 라고 생각합니다. 하나의 확실할 것 같은 지식으로부터 그 외의 다른 확실할 것 같은 지식을 이끌어 내기 위해서라도 절대적으로 확실한 추론의 규칙이 쓰입니다.

따라서 절대적으로 타당한 사고의 규칙을 찾아내는 연역논리도, 어떤 판단의 확실성을 찾아내는 확률논리도, 실은 늘 함께 움직이는 두 개의 바퀴와 같습니다. 생각하고 있는 것이 참인지 아닌지를 아는 것, 그것을 기본으로 하여 좀 더 복잡한 것을 생각해 가는 사유 체계가 올바른지 아닌지를 알기 위해서는 두 쪽 다 필요합니다.

이 책에서는 확률논리에 대해서 아주 간단하게만 말씀드렸습니다. 그 이유는 우리들 누구나 매일 쓰고 있지만, 그것을 누구나 알 수 있는 형태로 나타내는 것은 아주 어려운 일입니다. 이를 위해서는 확률론이라든지 통계학 등과 같은 학문도 알아야 합니다. 이 기회에 여러분이 이러한 방면에도 관심을 가져 좀 더 다양하게 공부하기를 바랍니다.

7

의미의 모호함을 줄여 가기 위한
논리적 사고 훈련

지금까지 '절대적으로 참'인 사고의 규칙과 '확실할 것 같은' 실제의 지식에 대해 말씀드렸습니다. 이 장에서는 우리의 지식 속에 있는 '모호한' 부분에 대해 말씀드리겠습니다.

절대적으로 참(참이나 거짓 중 어느 한쪽밖에 없을 경우)이라든지 확실할 것 같다(참이나 거짓에 정도의 차이를 구별할 수 있는 경우)는 것은, 형태상으로 말하면 모두 하나의 문장(또는 판단)이나 몇 개의 문장이 연결되어 만들어진 복잡한 문장이나 판단에 대해 언급한 것입니다. 그러나 '모호함'이라는 것은 문장이나 판단 속에서 쓰이는 말의 의미(또는 개념)에 대해 일컫습니다.

말의 의미의 모호함

예를 들면, 사물의 이름은 특별한 단 하나만의 사물을 가리킨다고는 할 수 없습니다. '개'라는 말은 여러분 중 누군가의 집에 있는 콜리 종만을 가리키는 것이 아니라, 그 개와 닮은 모든 개를 가리킬 수 있습니다. 그러나 모든 개가 여러분 집에 있는 개와 같은 모습을 하고 있는 것은 아닙니다. 개라고 불리는 동물 중에는 불도그, 도베르만, 셰퍼드 등이 있고, 그 이외에도 수많은 종류가 있습니다. 보기만 해도 곧바로 개라는 것을 알 수 있는 것도 있고, 개인지 늑대인지 알 수 없는 것도 있습니다.

'음악'이라는 말은 바흐나 모차르트의 음악을 가리키는 동시에 재즈도 가리킵니다. 그러나 "재즈 따위는 음악이 아니다."라고 말하는 사람이 있다고 칩시다. 이 사람은 바흐나 모차르트의 음악과 유사한 것만을 음악이라고 생각할 것이므로 음악이라는 말이 가리키는 범위가 훨씬 더 좁아집니다.

물론 약의 이름과 같이 동일한 규격에 해당되는 것에만 붙여진 이름도 있습니다. 그러나 이처럼 확실히 정해진 것만을 가리키는 말은 의외로 적습니다. 우리가 쓰고 있는 대부분의 말은 그것이 가리키는 것의 존재 방식과 동일하지는 않습니다. 누구나 그것이라고 알 수 있는 표준이 되는 것이 중심에 있고, 어쩌다가 만나는 것, 원의 중심에서 먼 곳에 있는 것은 점점 더 표준형에서 멀어져 마침내 다른 이름으로 불리는 것과의 구별이 어려워집니다.

또한 어떤 말은 개나 음악과는 달리 완전히 다른 것을 같은 의미로 부르기도 합니다. '아름다운 꽃'과 '아름다운 행동', '위대한 산봉우리'와 '위대한 영웅'과 같이 말할 때, '꽃'과 '행동', '산봉우리'와 '영웅'은 각기 닮은 것이 하나도 없습니다. 그러나 이들을 접했을 때 우리가 갖는 느낌이나 그것들로부터 받는 감정 등이 닮아 있으므로 같은 말로 부르는 것입니다.

사물의 이름은 사물 사이의 닮은 점을 하나로 묶어 붙입니다. 그러나 이 유사점이 그렇게 확실한 것은 아니고, 닮은 점이 사물 간의 특징이 아니라 우리의 느낌에 지나지 않는 것임에도 하나의 말로 부르는 경우도 있습니다.

또한 말이 가리키는 사물의 상태가 무엇을 근거로 말해지고 있는지 모호한 경우도 있습니다.

예를 들어, 개 한 마리가 말 주위를 빙글빙글 돌면서 달리고 있습니다. 말은 개의 움직임에 따라 개 쪽으로 머리를 두고 돕니다. 그렇다면 이 개는 말의 주위를 돌고 있는 것일까요? 말이 있는 곳의 주위를 돌고 있다고 하는 의미에서는 그렇지만, 한 번도 말의 꼬리를 정면에서 본 적이 없다는 의미에서는 돌고 있지 않다고 말할 수밖에 없을 것입니다.

여러분 앞에 전혀 알지 못하는 아이가 갑자기 나타나 "나는 자유다." 라고 했다고 합시다. 여러분은 이 아이가 무슨 말을 하는지 알 수 있습니까? 학교 수업이 끝나서 자유라는 건지, 아니면 나쁜 친구들과 틀어박혀 있던 방에서 빠져나왔기 때문에 그렇게 말하는 건지 알 수 없습니다. 이렇게 의미를 확실하게 알 수 없는 말을 써서 '자유란 무엇일까' '미국은 자유의 나라이다' '러시아는 자유의 나라이다' 라고 한다면, 더욱더 무슨 소리인지 확실치 않을 게 분명합니다.

모호함은 어디에서 생기는가

추론의 규칙은, 이 규칙이 올바른지 이 추론이 잘못인지에 대한 의견이 전 세계적으로 일치합니다. 누가 생각하더라도 'p이면 q이다. 그런데 q가 아니다. 따라서 p가 아니다.' 라는 것에는 어떤 모호함도 없습니다.

'확실할 것 같은' 지식의 경우에도 대개 모두가 '……것 같다'고 생각한다면, 대체로 동일합니다. 예를 들어, 10층 빌딩 위에서 뛰어내리면 죽을 것이라는 데는 대부분의 사람이 동의할 것입니다. 또한 아주 복잡한 일에 대해서 확실성의 이유에 대한 사람들의 지식이 동일하다면, 대체로 같은 의견이 나올 것입니다.

그런데 말의 의미의 모호함을 없애는 것은 아주 어려운 일입니다. 모호함을 없애기 위해서는 전 세계에 있는 모든 사물 하나하나에 서로 다른 이름을 붙여, 하나의 사물에 대해서는 모든 사람이 이 말을 쓴다는 합의가 필요합니다. 그러나 그러기 위해서는 우리가 몇 억이 될지 모르는 무한한 말을 외우지 않으면 안 됩니다.

따라서 사람은 아무래도 같은 것을 하나로 묶어 부르는 개략적인 방법을 쓰는 쪽이 헛된 수고를 줄일 수 있고, 무엇보다도 그렇게 할 수밖에 없습니다. 그렇게 하지 않으면, 어떠한 느낌을 표준으로 하여 아름답다든지 위대하다고 할까라는 생각은 좀처럼 공통된 것을 얻기조차 힘듭니다.

약 이름이나 수학 용어 등은 우리의 생활 속에서 만들어진 것이 아니기 때문에 공통된 것을 정하기가 비교적 쉽습니다. 그러나 우리가 사물

에 대해 느끼는 방식이나 기분을 나타내는 말은 각 나라의 전통이나 사회 상황과 깊은 관련을 가지고 있기 때문에 전 세계가 하나의 문화, 하나의 사회가 되지 않으면 공통된 것을 얻을 수 없게 됩니다. 또한 생활 방식이 각양각색이다 보니 어떤 나라에서는 매우 주의를 기울이는 사물이나 사건일지라도 다른 나라에서는 거의 그렇지 않을 수도 있습니다.

영어의 '젠틀맨'에 해당하는 한국어가 없다는 것은 누군가를 젠틀맨이라고 부를 수 있는 기준이 한국인 사이에 없음을 보여줍니다. '신사'라고 번역해서는 의미가 달라지고 맙니다. 반대로 한국어에서는 자신을 가리켜 '나' '저' '본인'과 같이 서로 다른 다양한 말로 부르지만, 영어에서는 '아이I', 독일어에서는 '이히Ich', 프랑스어에서는 '주Je', 러시아어에서는 '야Я'라고 합니다. 이들 나라에서는 각기 한 종류의 말밖에 쓰지 않습니다. 이것은 한국어를 쓸 때 고려하지 않으면 안 되는 사회적 신분의 구별이 다른 나라에는 없든지, 또는 아주 약함을 보여주고 있습니다.

이로써 알 수 있는 것은 우리의 말은 그 사회의 존재 양식, 그 나라의 역사에 의해 크게 영향을 받는다는 것입니다. 말은 사회나 역사에 의해 만들어져 온 측면이 있어서, 전 세계의 모든 국민이나 민족 사이에 공통적인 것은 생각보다 적습니다. 그리고 우리는 자기가 속한 사회에서 쓰는 말이라는 안경에 색을 입혀 세계를 바라보고 있으며, 또한 세세한 부분에서는 사람에 따라 조금씩 다른 의미로 말을 쓰고 있습니다.

말의 세계와 사물의 세계

지금까지의 설명에서 얻을 수 있는 아주 중요한 사실은, 우리가 쓰는 말이 가리키는 것이 실제의 세계 속에도 있다는 생각은 잘못이라는 것입니다. 그러나 이것은 지금도 많은 사람들이 자기도 모르는 사이에 품고 있는 생각입니다.

이것은 두 가지 면에서 잘못입니다. 하나는, 우리가 쓰는 말은 원칙적으로 사물 하나하나의 이름이 아니라 닮은 것들의 이름이며, 게다가 어떠한 입장에서 보느냐에 따라 닮은 점도 달라지기 때문에 하나하나의 사물 이외에 이러한 말이 가리키는 것이 있다고 생각하는 것은 맞지 않습니다.

다음의 그림을 보시기 바랍니다.

　그림 속에 있는 것은 파란 원, 파란 삼각형, 노란 원 세 개입니다. 그러나 우리는 a와 같이 닮아 있는 점을 묶어 둥근 도형이라는 말을 만들고, 또한 b와 같이 묶어 파란 도형이라는 말을 만들 수가 있습니다. 그리고 둥근 도형과 파란 도형이 가리키는 것이 독립적으로 있다고 한다면, 이 그림 속에 다섯 개의 사물이 있게 되는 꼴입니다.

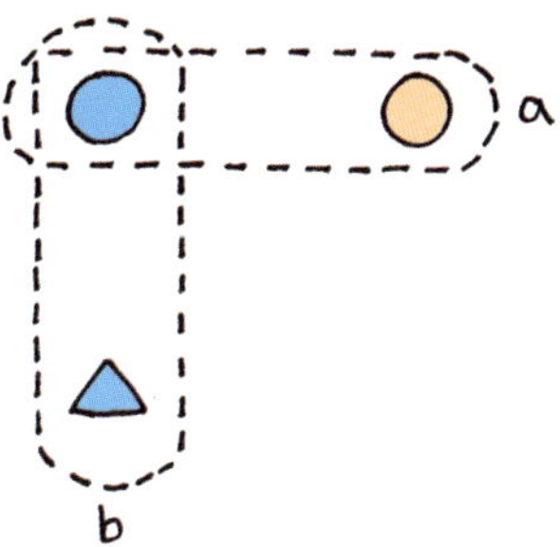

　또 하나는 실제의 세계에 있고 말의 세계에는 없는 것, 말만 있고 실제의 세계에 없는 것이 있기 때문에 실제 세계에서의 구분과 말의 세계에서의 구분이 동일하지 않을 때가 있습니다. 따라서 말로 나타난 것은 반드시 세계 어딘가에 존재한다고 생각하거나, 우리의 말을 통해 사고된 것이 실제 세계의 모든 것이라고 생각하는 것은 잘못입니다.

　세계에는 우리가 전혀 알지 못하는 것이 무수하게 있음에도, 우리의 감각은 어느 일정 범위의 자극에만 반응하게 되어 있기 때문에 이러한 잘못을 범할 수 있는 것입니다. 또한 병사는 제각기 이름을 가지고 있기 때문에 '무명용사' 라는 말은 실제 대상을 가리키는 말이라고 할 수 없습니다.

잘못된 탐구법

이러한 사실을 여러분은 너무나 당연한 일로 여길지도 모릅니다. 그러나 이와 같은 오류는 오히려 과거의 많은 철학자들이 저질러 온 잘못으로, 어떤 경우에는 여러분도 자칫하면 빠져들 수 있는 덫과 같은 것입니다. 왜냐하면 우리가 일상적으로 쓰는 말은 이러한 덫에 빠져들기 쉽도록 만들어져 있기 때문입니다.

예를 들어, '미의 발견' '진리 탐구' '아름다운 그림' '슬픈 편지' '좋은 책' '참된 인간' 등과 같은 것이 그렇습니다. '슬픈 편지'는 편지가 슬프다는 성질을 실제로 가지고 있는 것이 아니라, 그 편지를 읽은 사람의 마음이 슬픈 것입니다. 따라서 다른 사람이 같은 편지를 읽고 반대로 기분 좋아지는 일도 있을 수 있습니다. '아름다운 그림' '좋은 책' '참된 인간'의 경우에도 약간씩 갖는 느낌은 다르지만, 마찬가지라고 할 수 있습니다.

그런데 이러한 표현법은 모두 자신의 느낌을 사물 속에 있는 것처럼 나타내고 있습니다. 슬픔도 아름다움도 선량함도 진리도 모두 사물의 측면에 있는 것처럼 표현합니다. 그렇게 함으로써 뭔가 우리들 외부에 참이나 선, 미라는 것이 있는 것처럼 생각하여, 이러한 것들을 발견하기 위해 치르치르와 미치르 남매처럼 머나먼 길을 떠납니다. 그러나 파랑새는 먼 세계의 저편이 아니라, 우리들 집 안에 있습니다.

물론 우리는 진리나 미, 선을 찾기 위해 실제로 먼 곳까지 여행하는 것은 아닙니다. 다만 먼 곳으로 여행하는 것처럼 사물에 대한 사고를 하는 것입니다.

진정으로 사물을 탐색할 때에는 우선 주변에 있는 찾기 쉬운 곳부터 시작하여 점점 더 먼 곳까지 찾아가는 법입니다. 먼 곳까지 여행하기 위해서는 미리 그곳으로 가는 길을 여러모로 알아보고, 출발의 방향을 정하고, 가는 도중에도 끊임없이 길을 찾는 것입니다.

이와 같이 진리를 찾을 때에도 우선 생활 주변에서 항상 쓰이는 진리라는 말의 각기 다른 다양한 의미를 가려내어, 이를 확실하게 하지 않으면 안 됩니다. 만약 그것들에 공통적인 것이 있으면(말이 공통이라는 것이 아니라), 그것이 실제로 어떠한 것인가를 조금씩 분명하게 해 가는 것이 좋습니다.

치르치르와 미치르는 이상한 마법의 힘으로 태어나기 전의 나라와 죽은 사람의 나라에 갔지만 여러분은 다릅니다. 여러분이 중도에서 꼼꼼하게 점검하는 것을 잊고 “진리란, 진리란……” 하고 안달하여 계속 묻기만 한다면, 아무 소용 없습니다. 이러한 학문의 방법론은 실제와는 거리가 먼 설교이든지, 아니면 탁상공론에 지나지 않습니다.

여러분은 “우리는 과연 무엇을 위해 사는 것일까?”라며 한숨을 내쉰 적은 없습니까? 그리고 “만약 내가 인생의 목적을 안다면?”이라고 생각한 적은 없습니까?

여기까지는 괜찮습니다. 그러나 만약 여러분이 인생에는 목적이 있기 때문에 ‘틀림없이 누군가는 알고 있을 것이다’라고 생각하여, 훌륭한 철학자나 종교가에게 자문하러 갔다고 합시다. 그 후에 인생의 목적은 '행복하게 사는 것이다' '다른 사람을 사랑하는 것이다' '진정한 자아를 완성하는 것이다' 등과 같은 다양한 가르침을 받더라도, 여러분은 인생의 목적을 잘 알지 못한 채 실망만 할 수도 있습니다.

원래 '목적'이란 우리가 '그렇게 하고 싶다'는 것입니다. 반드시 그곳에 도달해야만 하는 도착점이 목적이라면, 아무도 목적 따위를 마음에 두지 않을 것입니다. 도착점이 마음에 걸리는 것은 그곳이 과연 자신이 바라는 곳인지 아닌지를 구별할 수 있기 때문입니다. 그리고 '그렇게 하고 싶다'는 것은 '그것이 나한테는 좋은 일이기 때문에 그렇게 하고 싶다'는 것입니다. 그러나 무엇이 좋은 일인지는 우리가 뭔가를 시작한 후에 알게 됩니다. 아무것도 하지 않는다면 무엇이 좋은지 알 수 없습니다.

만약 여러분이 대학 면접을 볼 때, 교수님이 "자네는 무엇을 공부할 목적으로 입학하려는 건가? 무엇을 공부하고 싶은가?"라고 묻더라도 여러분이 학문에 대해 전혀 알지 못하면 답할 수 없을 것입니다.

무엇이든 상관없이 학문을 시작하게 되면, 비로소 하고 싶은 일이 점차 확실한 모습을 드러내게 됩니다. 그리고 이와 같이 여러분이 무엇인가를 계속하는 가운데 학교에서의 목적, 사회로 진출한 뒤의 목적, 그리고 노인이 되고 나서의 목적 등이 계속하여 분명한 형태를 띠게 됩니다. 그리고 이것이 여러분 인생의 목적입니다. 아무것도 하지 않은 채 인생의 목적이라는 구체성이 결여된 것을 좇는 것은, 실은 '인생에는 목적이 있다' 혹은 '목적을 안다'라는 표현 방식이 여러분의 생각을 왜곡해 버렸기 때문일 것입니다.

말의 의미를 분명하게 하는 일

이와 같이 만약 우리가 올바르게 사물을 생각하게 된다면, 올바르게 추론하는 것과 가능한 한 올바른 판단을 내리는 것이 중요하지만, 동시에 우리가 쓰는 말의 의미(개념)를 분명하게 하는 것도 필요합니다.

말의 의미를 분명하게 한다는 것은 문법상의 해석이나 말이 생겨난 역사를 아는 것은 아닙니다. 사전을 찾아 말의 다양한 변화법을 아는 것도 아닙니다. 말의 의미를 분명하게 한다는 것은 그 말이 어떠한 실제적인 것을 나타내기 위해 쓰이고 있는가를 아는 것입니다.

예를 들어, '인생의 목적을 알고 싶다' 라고 생각했을 때, 일단 지금 한 말을 전부 잊고, 자신의 감정을 다시 한번 '인생' 이나 '목적' 또는 '안다' 등과 같은 말에 현혹되지 않도록 확인해 보는 것입니다. 그러고 나서, 아무리 복잡하고 무미건조한 말이라도 괜찮으니, 자신의 진정한 감정을 다른 말로 가능한 한 있는 그대로 표현해 보는 것입니다. 어차피 말 없이는 자신의 감정에도 형태를 부여할 수 없습니다. 그러나 근사한 표현 방식이나 은유적인 표현 방식을 버리고 진정한 감정을 있는 그대로 나타내 보는 것입니다.

이렇게 해서 자신의 감정을 이전과는 다른 말로 바꿔서 표현해 보면,

이전의 말이 어떠한 것을 나타내기 위해 쓰였던가를 알 수 있게 됩니다. 따라서 말의 의미를 분명하게 한다는 것은 일단 말로부터 벗어나 실제의 사물을 곰곰이 생각해 보고, 좀 더 나은 말로 표현하는 것이라고 해도 좋습니다.

이와 같이 어떤 것을 가능한 한 있는 그대로 나타낼 수 있는 별개의 말로 바꾸어 생각한다는 것은, 모호한 말이나 개념으로 사물을 생각하지 않고, 모호한 말이나 개념을 수많은 문장 또는 판단으로 잘 설명한 후에 생각한다는 것이기도 합니다.

$$\frac{\partial^2 \psi}{\partial x^2} + \frac{\partial^2 \psi}{\partial y^2} + \frac{\partial^2 \psi}{\partial z^2} + \frac{2m}{\hbar^2}(E-V)\psi=0$$

슈뢰딩거의 방정식

$$N_3(t) :\equiv: N_2(t-1).v.N_1(t-1).(\exists x)t-1[N_1(x) \cdot N_2(x)]$$

어떤 신경 회로의 작용을 표현한 논리식

앞에서 추상적이라는 말을 썼습니다. 이것은 현실 세계의 모든 것으로부터 동떨어져, 머릿속으로 세계의 뼈대만을 골라냈다는 의미로 자주 쓰입니다. 일반적으로 실제의 일에 도움이 되지 않는다든지 있는 그대로의 감각을 잃은 것이라는, 그다지 좋지 않은 여운을 지닌 것 같습니다. 그러나 이것은 잘못된 생각으로 예를 들어, 위와 같은 두 개의 식은 분명 실제

로 쓰이는 말이 아닌 그다지 친밀감이 없는 기호로 쓰여 있습니다. 그러
나 그것은 습관에서 온 표면적인 것일 뿐, 이러한 식으로 나타나 있는 것
은 현실 세계 속에서 늘 작용하고 있습니다.

이에 반해, 일상의 언어로 쓰인 다음과 같은 문장의 의미를 생각해 봅
시다.

> 자아가 자아의 속을 들여다보는 일에 깊이 들어가면 갈수록, 이 자아는 점
> 점 더 여위어서 결국에는 여명의 신인 아우로라의 남편처럼 죽지 않는 유
> 령이 되었다. 이 자아는 마치 여우의 간살스런 말을 듣고 우쭐해져서 물고
> 있던 뼈를 잃고 만 까마귀를 닮았다. 반성을 끊임없이 반성함으로써 사상
> 은 미로에 빠져 버렸고, 한 걸음 나아갈 때마다 사상은 모든 내용으로부터
> 멀어져 갔다.(키르케고르의《아이러니의 개념》에서)

이것은 덴마크의 유명한 철학자 키르케고르가 독일의 유명한 철학자
피히테의 철학을 비판한 문장입니다. 여러분은 이 문장이 도대체 무슨
말인지 알 수 없을지도 모릅니다. 다행히 철학을 공부하고 있는 저는 그
가 무엇을 말하고자 하는지는 알 수 있습니다.

그러나 지금 실제로 우리가 행하는 하루하루의 행동이나 생각과 어떻
게 결부되는지를 분명하게 알 정도는 아닙니다. 실은 이 문장 자체가 그
러한 형태로 설명되어 있지 않습니다. '자아'라든지 '반성'이라든지 그
밖에 다수의 추상적인 말이 쓰이고 있을 뿐만 아니라, 이러한 말의 의미

가 이 문장만으로는 모호하기 때문입니다. 앞에서 본 수학이나 논리학의 식은 추상적일지도 모르지만 실제의 생활 속에서 상당히 정확하게 작용하고 있습니다. 키르케고르의 글은 일상적인 말로 쓰여 있지만 비유적이고 모호하다고 할 수 있습니다.

제가 무엇이든 수학이나 이상한 기호로 나타내는 쪽이 정확하다고 말하는 것은 아닙니다. 단지, 늘 우리가 써 온 말을 앞에서 말씀드린 것과 같은 방식으로 좀 더 분명하게 할 필요가 있고, 그렇게 하는 것이 우리의 사고를 한층 더 정확하게 해 가는 것이라는 뜻입니다.

모호하고 구체성이 결여된 말로 논쟁을 하면, 심리적으로 반대하고 싶어지기 마련입니다. 또한 서로가 말로는 이해한 것 같은 생각이 들더라도, 구체적인 점에 대해서는 하나도 이해하지 못하는 경우도 있습니다. "도덕은 사람에게 필요하다. 그리고 도덕은 손이나 발로 가르치는 것이 아니다. '좋다' 혹은 '나쁘다'는 엄연히 입으로 말할 수 있는 것이다. 따라서 입으로 가르치기 위한 도덕 교육은 필요하다."라고 어떤 사람은 말합니다. "도덕이 사람에게 필요한 것은 당연한 일이다. 그러나 도덕은 그것만 별개로 하여 입으로만 가르칠 수 있는 것은 아니다. 따라서 도덕 교육을 따로 하는 것은 불필요하다."라고 다른 사람이 답합니다.

그러나 이 두 사람의 말 속에 쓰인 '따라서'는 '진정으로 지금까지 말한 것으로부터 틀림없이, 자연히 다음과 같이 말할 수 있다.'라는 의미라고 생각할 수 있을까요? 아무래도 이 '따라서'는 논리상으로 그다지 정확하지 않은 것 같습니다. 왜냐하면 그때까지 한 말의 의미가 모호하고,

말 속의 논리적인 절차를 찾아내는 것이 불가능하기 때문입니다.

'가르친다'라는 말은 자전거를 타는 일, 장기를 두는 일, 춤을 추는 일, 역사를 아는 일, 철학을 아는 일에 대해서 모두 쓸 수 있고, 어린아이들에게 가르친다, 시각장애인에게 가르친다, 대학생에게 가르친다, 개에게 가르친다 등 실제로 나타내는 것은 분명히 다를 것입니다. 다른 말의 경우도 마찬가지입니다. 이렇게 모호한 말로 논쟁을 하는 것은 참으로 쓸모없는 일입니다. 도덕 교육이 무언가 다른 목적을 위해 쓰인다고 한다면 이야기는 달라지지만, 진정으로 여러분을 생각한다면 이런 모호한 논쟁은 접어 두고 좀 더 확실성이 있는 문제를 붙들고 한 걸음 나아가야 하지 않을까요?

말의 의미를 분명하게 한다는 것은 그것 자체가 확실한 기준이 없기 때문에 어떤 경우에는 아주 어렵고, 또한 한심스러운 생각도 들어 이런 일에 머리를 쓰는 것이 용납되지 않을 수도 있습니다. 이것 말고도 해야 할 일이 많을 거라고 생각할지도 모릅니다.

그러나 실제로는 마음을 어떻게 갖느냐 하는 문제일 뿐, 결코 많은 시간이 걸리는 것은 아닙니다. 예전에는 자기주장을 그다지 내세우지 않는 것이 미덕으로 여기기도 했지만, 요즘 사회에서는 이것이 도리어 결점이 되고 있습니다. 물론 이치에 맞지 않는 자기주장이 좋지는 않지만, 설령 억지 주장이라 하더라도 많은 사람이 동의하면 의외로 이치가 정립되는 것입니다. 올바르든 그렇지 않든 이치에 맞게 말하려는 마음가짐이 중요하며, 이런 마음을 가지고 있으면 억지 주장이 차츰차츰 이치에 맞게 되어 가는 것입니다.

우리는 당연히 이치에 맞는 말을 하고 싶어 합니다. 지금 여러분이 막 입을 열기 시작한 말은 대부분의 경우 억지 주장일지도 모릅니다. 그러나 조금이라도 이치에 맞게 말하고자 하는 마음이 있으면, 반드시 이치가 서게 됩니다. 그러한 타당한 이치 위에 올바른 생활이나 인생이 만들어져 가는 것입니다. 다만 주의하지 않으면 안 되는 것은, '타당한 이치'라는 것은 그렇게 간단하게 말할 수 있는 것이 아닐뿐더러, '억지 주장' 또는 '잘못된 이치'를 '타당한 이치'로 발전시켜 나가기 위해서는 논리의 절차뿐만 아니라 그 속에 쓰이는 말의 의미를 바르게 이해하는 것이 불가결하다는 것을 명심하는 일입니다. 그리고 말의 의미를 바르게 이해하기 위해서는 다양한 경험을 쌓고, 그것을 편견 없이 주시하여 어떠한 말로 그것들을 표현하면 좋을지를 충분히 생각해 보는 것이 필요합니다.

이 책이 여러분의 억지 주장을 타당한 이치로 발전시키는 데에 도움이 된다면, 더할 나위 없이 기쁘겠습니다. 지금의 논리학으로 확실히 정립된 진리를 여러분에게 가르칠 수 있는 범위는 작습니다. 그 주변은 모호한 의미의 세계가 둘러싸고 있습니다. 이것을 가능한 한 분명하게 하는 것이야말로 여러분이 지금부터 해야 할 일입니다.

스테빙의 경고

수전 스테빙이라는 영국의 유명한 여류 철학자가 1938년 《목적에 대해 생각한다》라는 책을 냈습니다.

이 책은 영국의 BBC 방송에서 행한 강연을 기초로 쓰인 것입니다. 이 책 속에서 스테빙은 '비논리적'인 것이 영국 국민의 자랑거리라고 하는 정치가들과 많은 유명한 사람들의 연설이나 논평을 다수 인용하면서, 이들 위대한 정치가나 유명인사들이 논리라는 것을 얼마나 오해하고 있는지를 서술하고 있습니다.

그리고 올바른 논리적 사고는 하나의 목적을 달성하기 위해서 반드시 짚고 넘어가야 할 인간이 지닌 이성 활동의 기본적인 법칙이며, 이 논리적인 사고를 짚고 넘어가지 않으면 감정에 치우친 인식이나 성급한 사고를 하게 되어 사실을 바르게 알 수 없다는 점을 강조하고 있습니다.

논리에 대한 이해의 부족과 감정에 치우친 인식으로 빠지고 마는 비논리적인 성급한 사고는 어느 특정한 나라만이 아니라 전 세계 공통적으로 나타나는 일인 듯합니다.

논리라는 것을 경멸하고 쓸모없는 것으로 치부해 버리기는 쉽습니다. 언제든 가능한 일입니다. '논리 따위는 하찮은 것이다'라고 생각해 버리면 그걸로 모든 것이 해결되니까요. 그렇지만 이 말을 누군가가 한다면, 그렇게 말한 사람은 실은 "하나의 주장은 같은 의미에서 참이며, 동시에 거짓인 것은 없다."라는 약간은 어렵지만, 논리학의 정리(定理, 진리로 인정된 이론) 중 하나에 들어맞는 말을 한 것입니다.

한편, 논리학이라는 학문을 학교에서 배운 적이 없는 여러분도 충분히 논리적으로 말할 수 있습니다. 예를 들어, "모든 까마귀는 검다."라고 선생님이 말씀하시면, 여러분은 머릿속으로 '검지 않은 까마귀란 없구나'라고 말을 바꿈으로써 선생님이 말씀하신 것과 동일한 의미로 생각할 것입니다. 이 두 문장의 관계는 논리적인 관계인 것입니다. '모든' '그리고' '아니다' 라는 말 사이에 있는 논리적인 관계를 위의 예와 같은 방식으로 표현할 경우에는, 두 문장의 의미가 동일한 것이 됩니다. 인간은 말을 하는 한 어느 정도 논리라는 것을 알고 있으며, 논리를 쓰지 않으면 말은 성립되지 않습니다.

행동의 안내도를 만든다

이와 같이 인간이 아무리 선천적으로 논리적이라고 하더라도 비논리적으로 되는 경우도 종종 있습니다. 예를 들어, 다음과 같이 논쟁을 이끌어 가는 사람이 있습니다. 그것이 과연 논리적으로 올바른지 어떤지를 검토해 봅시다.

"여러분, 진보적 지식인이라는 사람들은 모두 공산주의자라고 단정해도 좋을 것입니다. 왜냐하면 공산주의자들은 모두 국기 게양에 대해 반대하는데, 마찬가지로 진보적 지식인이라는 사람들도 모두 국기 게양에 반대하기 때문입니다." 또한 "여러분, A씨는 마땅히 위험한 극우 사상가라고 하지 않을 수 없습니다. 왜냐하면 위험한 극우 사상가들은 모두 국기 게양에 찬성하는데, A씨 또한 국기 게양에 찬성하기 때문입니다."라는 반대 의견도 있을 것입니다.

이런 오만한 연설을 한다면, 평소부터 상대의 입장에 반대했던 사람들의 생각은 훨씬 확고해질지도 모릅니다. 그러나 이들 연설 속에는 논리적인 잘못이 있습니다. 무엇인지 알겠습니까? 그렇다면 이와 같은 사고의 다른 예를 하나 더 들어 보겠습니다.

누군가가 "여러분, 사람은 모두 말입니다. 왜냐하면 말은 생물이고, 사람 또한 모두 생물이기 때문입니다."라고 말했다면, 여러분 가운데 거의 대부분이 "그건 맞지 않은데, 이상한 소리를 하는군." 하고 머리를 갸우뚱할 것입니다. 그렇지만 앞의 연설이라면 깜빡 속아 버리고 맙니다.

실은 이 두 가지 예는 모두 논리가 성립되지 않습니다. 그러한 점에서 보면, 이 두 논리는 모두 다 비논리적인 사고입니다. 그러나 후자의 경우에는 아무도 그 논리를 믿지 않는데, 왜 전자의 경우에는 그것이 비논리적임을 눈치 채지 못하는 것일까요?

그것은 어떤 부류의 사람들은

진보적 지식인과 공산주의자를 어떻게든 감정적으로 연계시키고 싶어 하기 때문입니다. 또는 마음에 들지 않는 A씨를 극우 사상의 소유자로 몰아붙이고 싶은 감정을 가지고 있는 것입니다. 다시 말해서, 감정적인 것이 올바른 논리적 사고를 왜곡시켜 버리기 때문이라고 할 수 있습니다.

확실히 인간이라는 존재는 이성의 작용만으로 사는 것은 아닙니다. 감정적인 것이나 순간적으로 머리에 떠오른 것은 이성으로는 어떻게 할 수 없는 힘이 되어 인간을 움직여 갑니다. 그러나 이러한 행동을 사람이 제각기 지니고 있는 목적을 실현시키는 데에 도움이 되는 행동으로 바꿔 가야 합니다. 그러기 위해서는 목적과 그것을 수행해 낼 수단 사이의 관계를 냉정하게 판단해야 합니다. 그리고 보다 올바른 행동의 안내도를 만들어 가기 위해 사유 체계를 논리적으로 작용할 필요가 있습니다.

말의 네 가지 작용

우리가 사용하는 말은 우리가 손이나 발을 움직여 일을 하는 것과 마찬가지로 일을 하고 있습니다. 말이 하고 있는 일은 처음부터 확고하게 세 가지 혹은 네 가지로 정해 버릴 수는 없지만, 대체로 세 가지로 나눠 생각해 볼 수 있습니다.

첫째, 어떤 것을 설명하는 일입니다. 이를 위해서는 아주 논리적인 능

력이 필요합니다.

둘째, 어떤 것을 묘사하는 일입니다. 말로써 어떤 것의 상태, 모양 등을 설명하는 것이기 때문에 논리적인 힘이 필요합니다. 그러나 이 경우에는 설명을 한다기보다는, 오히려 그림을 그린다거나 사진으로 찍으면 좋을 것을 말로 대신하는 것이기 때문에 묘사력이라고도 할 수 있습니다.

셋째, 사람을 움직이게 하는 일 또는 자신의 감정을 드러내 주변 사람에게 영향력을 줄 수 있는 감정을 표현하는 힘입니다. 말하자면 사람을 설복하는 힘입니다.

이 세 가지 외에도 말은 하나의 행동을 나타내는, 다른 말로 하면 도장을 찍는 것과 같은 역할도 합니다. 예를 들면, 제가 A에게 "용돈으로 만 원을 주겠다."라고 약속을 하면, 그 약속을 지켜야 할 책임이 생깁니다. 이것을 포함하면 네 가지 정도로 나눌 수 있습니다.

그런데 이렇게 나누어 보면, 생각하는 힘이라는 것이 사물을 설명하는 데 있어서 가장 중심이 되어 작용하는 힘임을 알 수 있습니다.

따라서 이 생각하는 힘을 어떤 식으로 익혀 나가야 할까요? 역시 가장 기본이 되는 것은 논리적인 힘입니다.

논리적 사고 훈련

여러분은 논리적인 힘이라는 것을 늘 산수나 수학을 공부함으로써 익히고 있습니다. 그러나 산수나 수학의 경우, 수라는 극히 한정된 부분을 다룰 뿐, 평소 우리가 쓰는 말로 나타내는 세계에 응용하여 논리적으로 생각하는 훈련은 좀처럼 하지 않습니다. 그러는 가운데 여러분 중에서 "산수나 수학은 따분하고 싫다."라고 하는 사람이 나오게 되면, 산수나 수학으로 애써 익힌 논리적 사고의 횟수가 점차 줄어들고, 마침내 비논리적 사고에 휘말리는 일도 있을 수 있습니다.

그러한 좁은 사고를 하지 않기 위해, 우리가 일상적으로 쓰는 말을 때로는 이론적인 기호로 바꾸어 생각해 보는 것도 필요합니다. 그러나 우리가 일상적으로 쓰는 말은 다양한 의미를 지니고 있기 때문에 우리의 사고를 두 가지나 세 가지로 분리하여 그 속에 집어넣는 일은 피해야 합니다. 그렇게 하지 않으면, 때로는 엉뚱한 것이 되어 버리고 맙니다.

예를 들어 우리는 '이면' '그리고' '아니다' 라는 말을 일상생활에서 자주 쓰지만, 일상생활에서의 '그리고' 는 논리학에서 쓰는 '그리고' 의 의미보다도 좀 더 넓은 의미를 지니고 있습니다.

논리적으로 말하면, 'p와 그리고 q' 와 같은 경우에는 'q와 그리고 p' 라고 바꿔 말하더라도 의미는 변하지 않습니다. 그러나 '그 사람은 병에 걸렸다. 그리고 죽었다' 라는 것을 말을 바꾸어 '그 사람은 죽었다. 그리고 병에 걸렸다' 라고 기호적으로 적용시켜 버리면, 의미가 통하지 않게 됩니다. 왜냐하면 일상적으로 우리가 쓰는 말은 다양한 의미를 지니고 있기 때문에 이 경우의 '그리고' 는 시간적인 변화를 함축하고 있다고 할 수 있습니다.

　이렇게 평소 우리가 쓰는 말은 다양한 뜻을 가지고 있습니다. 그것들을 분명하게 한 뒤에 논리적 사고를 적용해 가면, 지금까지의 성기고 좁은 범위였던 지식의 그물코가 점차 논리적으로 촘촘해질 것입니다. 그렇게 촘촘하게 넓혀 감으로써 여러분의 행동을 한층 더 넓고, 안정된 것으로 만들어 가기 바랍니다.

옮긴이 고재운

고려대학교 철학과를 졸업하고 도쿄대학교 대학원에서 공부했다. 현재 일본어 전문 번역가로 활동 중이다. 옮긴 책으로《일상을 철학하다》《생각하는 어린이가 힘이 세다》《시골은 이런 것이 아니다》《개와 웃다》《남극의 셰프》등이 있다

논리학 콘서트

초판 1쇄 발행 2006년 8월 28일
개정판 1쇄 발행 2016년 5월 9일
개정판 3쇄 발행 2024년 5월 20일

지은이 | 사와다 노부시게
옮긴이 | 고재운

책임편집 | 나희영
디자인 | 최선영
마케팅 | 김한중

펴낸곳 | (주)바다출판사
주소 | 서울시 마포구 성지1길 30 3층
전화 | 02-322-3675(편집), 02-322-3575(마케팅)
팩스 | 02-322-3858
E-mail | badabooks@daum.net
홈페이지 | www.badabooks.co.kr

ISBN 978-89-5561-837-2 03170